JN014339

ゼロから始める
# プロダクト
# マネジメント
ユーザーに喜ばれて

儲かるプロダクトの作り方

丹野 瑞紀
Mizuki Tanno

# はじめに

　この本は、これから「ソフトウェアプロダクトのプロダクトマネジメント」を学ぶ人のための入門書です。

　あなたのスマートフォンにはどんなアプリが入っていますか？　友だちとコミュニケーションするメッセージアプリ、SNS やゲームアプリ、予定を管理するカレンダーアプリ、ニュースアプリ……人によってさまざまだと思いますが、どのアプリも日々の生活を便利で快適なものにするうえで不可欠なものになっているのではないでしょうか。

　もしあなたが仕事でアプリを作る立場だったとしたら、便利さ以外にも考えることがあります。それは、アプリを通じて収益を得ることです。

　多くの人に必要とされるだけでなく、ビジネスとして成り立つプロダクトを作ること。これはとてもたいへんなことです。どんなに使う人にとって価値のあるプロダクトであっても、ビジネスとして成立しなければプロダクトの提供を継続できません。一方で、自社のビジネスのことだけを考えていると使う人にとって価値のあるプロダクトにならず、結果としてビジネスは失敗してしまいます。

　ユーザーにとって価値があるだけでなく、自社のビジネスにとって意義のあるプロダクトを作る。そのために必要な知識が「プロダクトマネジメント」です。

この本は、前提知識がない人でも理解しやすいように「中学生のた
かし君がアプリ開発をする」という架空のケースをもとにしたストー
リー形式になっています。

　たかし君は「いとこのお兄さん」の力を借りながら1人でプロダク
ト開発を進めますが、あなたが仕事でプロダクトを作るときは、メン
バーが複数名いるチームで開発することが多いでしょう。

　プロダクトマネジメントは、プロダクト開発に関わるチームの大き
さに比例して複雑さが増していきます。

　1人でプロダクトを作るよりも、エンジニアやデザイナーが何人も
いる開発チームのほうができることは増えますが、チーム開発を効率
的におこなうためのノウハウが必要となります。またマーケティング
担当やセールス担当がチームに加われば、専門性の異なる人たちを束
ねるファシリテーション能力も必要となります。
　とはいえ、チームがどのような規模であっても「使う人にとっても
作る人にとっても価値のあるプロダクト」を実現するための基本は同
じです。

　それでは、たかし君の体験を通してプロダクトマネジメントを学ん
でいきましょう。

# もくじ

## このストーリーの登場人物

### たかし君

このストーリーの主人公。私立海智中学に通う中学二年生。プログラミングが大好き。

### お兄さん

たかし君の家の近所に住むいとこのお兄さん。IT 系のベンチャー企業で活躍している。

### A 君

たかし君の同級生。ゲームと漫画が大好き。

### B さん

たかし君の同級生。Twitter や Instagram にハマっている。

### C 君

たかし君の同級生。サッカー部所属。毎日部活で忙しい。

# みんなが
# 困っていることは
# なんだろう

## ～ユーザーが抱える問題の仮説をたてる

# みんなに使って もらえる アプリを作りたい！

　たかし君はプログラミングが大好きな中学 2 年生です。小学生のときに自分用の PC を買ってもらい、プログラミングをはじめました。最近はスマホアプリの作り方を勉強しています。

**「クラスのみんなに使ってもらえるようなアプリを作りたいな」**

　メッセージアプリやニュースアプリなど、世の中にはたくさんの便利なアプリがあり、もはやスマホアプリは私たちの生活に欠かせないものになっています。アプリのプログラミングに少し自信を持ち始めたたかし君は、自分もそうした便利なアプリを作ってみんなに使ってほしいと思うようになりました。

**「でも、どんなアプリを作ればみんなに使ってもらえるのかな。ずっと考えているけどいいアイデアが思い浮かばない。どうすればいいんだろう……」**

　たかし君が悩んでいると、いとこのお兄さんが話しかけてきました。

**「たかし君、深刻な顔してどうしたの？」**

お兄さんは、IT系のベンチャー企業でソフトウェアプロダクトを開発しています。お兄さんはたかし君の家の近所で1人暮らしをしているのですが、時々たかし君の家にご飯を食べに来るのです。そのたびに何かと相談に乗ってもらっており、たかし君に最初にプログラミングを教えてくれたのもお兄さんでした。

 「みんなに使ってもらえるようなアプリを作りたいんだけど、いいアイデアが浮かばないんだ」

 「なるほどね。それならみんなにどんなアプリがほしいか聞いてみるのが早いんじゃないかな」

　部屋の中にこもって考えていてもいいアイデアは浮かばない、部屋から出ていろいろな人の話を聞いたりやっていることを観察してみたほうがいい、とのことでした。

 「たしかにこれ以上1人で悩んでいてもしかたなさそうだし、学校の友だちに聞いてみるよ」

　たかし君はお兄さんのアドバイスにしたがって、翌日クラスの友だちに聞いてみることにしました。

 「ねえみんな、今度自分でスマホアプリを作ろうと思うんだけど、どんなアプリがあったらいいと思う？」

「おもしろいゲーム作ってよ。課金しなくてもがんばれば勝てるゲームがいいね」

「動画をかんたんに加工できるアプリがほしい」

「勉強しなくても成績が上がるアプリがあるといいなぁ」

「みんなほしいアプリが全然違うな。いろんなアイデアをもらえたのはよかったけど、何を作ればいいのか余計わからなくなってしまったよ」

##  リサーチにでかけよう

　部屋の中でもんもんと考えていても、良いプロダクトのアイデアは浮かびません。外にでかけていろいろな人の意見を聞いてみましょう。
　最初は身近な人でかまいません。たかし君がクラスメートにヒアリングをしたように、会社の同僚、友人・知人、家族、など、まずは聞きやすい人から聞きましょう。

　たかし君のようにアイデアがまったくない状態であれば、「最近何か困っていることはないか」「どんなプロダクトがあったらいいと思うか」などと聞いてみるだけでも何かヒントがつかめるでしょう。
　ヒアリングを進めるうちに、

- _____という状況におかれた人（顧客セグメント）は、
- 共通して_____という問題を抱えていそうだ（問題）
- その問題は_____の機能をもつプロダクトで解決できるのではないか（解決方法）

　といった仮説が生まれてきます。次はその仮説を検証するために、「_____という状況におかれた人」（顧客セグメント）を対象にヒアリングをするのです。難しく考えることはありません。5人〜10人ぐらいに話を聞くだけでも、新たな発見につながるものです。

　ヒアリング対象は、FacebookやTwitterで周囲に呼びかければいくらでも見つかります。最初は身近な人を対象にヒアリングし、そこから少しずつリサーチ対象を広げていきましょう。だれかの報告書を読むだけではなく、直接生の声を聞くことで、ユーザーが置かれた環境やユーザーが抱える問題を、リアルにイメージできるようになります。

　もしすでにプロダクトのアイデアがあるのであれば、次のような質問をしてみるといいでしょう。

- _____という状況で何か問題を感じることはあるか
- その問題を解決するために利用しているプロダクトはあるか
- 問題の解決策として利用していたが、使わなくなってしまったプロダクトはあるか（使わなくなった理由は何か）
- 解決策として利用を検討したが、結局使わなかったプロダクトはあるか（使わなかった理由は何か）

たかし君は、クラスの友達からもらったいろいろなアイデアを
振り返ってみました。

**「ゲームは作ってみたいけどまだ僕には難しそうだ。動画編集ア
プリはもっと難しそうだし、クラスのみんなが使ってくれるイ
メージが湧かないな」**

　　自分のスキルで作れそうで、なおかつできるだけ多くの友だち
に使ってもらえそうなアプリはどんなアプリか。たかし君は考え
続けます。

**「勉強しなくても成績があがるアプリが作れればすごいけど……。
寝ている間に頭がよくなる睡眠学習アプリとかかな」**

　　友だちに話を聞いてみたものの、具体的なアプリのアイデアが
全然浮かびません。途方に暮れたたかし君は、再びお兄さんに相
談することにしました。

「友だちに聞いてみたんだけど、みんなそれぞれほしい物が違う
し、作るのが難しそうなんだ」

「無料ゲーム、動画加工アプリ、勉強しなくても成績が上がるア
プリ、か。たしかに難しそうだね」

「僕には、みんなに使ってもらえるようなアプリを作るのは無理
なんだろうか」

「諦めるのはまだ早いよ。少し深堀りして考えてみよう。みんな

はなぜ、そうしたアプリがほしいんだろうね」

「なぜほしいか？」

「うん。どんなペインやニーズがあって、そういうアプリがほしいといっているんだろう」

　ペインとは「悩みの種となっている問題」、ニーズとは「未充足の欲求」のことです。たかし君はお兄さんの問いかけによって、「ほしいといわれたアプリをどう作るか」ばかり考えていて、そうしたアプリが必要な理由をまったく考えていなかったことに気が付きました。

「みんながいうとおりのアプリを作ることは難しくても、別の方法で問題を解決したり、ニーズを満たすことができるかもしれないよ」

　お兄さんに「ヒアリング相手の言葉をとらえ直す必要がある」と指摘されたたかし君は、A君、Bさん、C君との会話を思い出しながら、それぞれの友だちが感じているであろう問題やニーズを想像してみました。

「A君はああ見えて倹約家だから、ゲームは好きだけど課金はしたくないんだろうな。『お金をかけずに手軽に楽しいことがしたい』というのがA君のニーズなのかもしれない。ゲームだけじゃなくて、漫画もスマホでよく読んでるし」

「BさんはいつもSNSをみてる。この前は、いいねが100件以上

ついたって喜んでた。おもしろい動画を作ってSNSでバズらせたいんだな。SNSに投稿するおもしろいネタが作れれば、動画じゃなくてもいいのかもしれない」

「C君はたしか成績はそんなに悪くないはず。サッカー部の練習もがんばっていてすごいな。でも部活が忙しくて、勉強時間を作るのがたいへんみたいだ」

|  | ほしいアプリ | 問題／ニーズ |
|---|---|---|
| A君 | 課金しなくても遊べるゲームアプリ | お金をかけずに楽しいことがしたい |
| Bさん | かんたんに動画の加工ができるアプリ | SNSでバズれるネタがほしい |
| C君 | 勉強しなくても成績が上がるアプリ | 部活で忙しくて勉強をする時間がない |

「どうかな。解決できそうな問題や、満たせそうなニーズはありそう？」

「まだわからないけど、さっきより考えやすくなった気がするよ。問題を解決できれば、いわれたとおりのアプリじゃなくていいんだね」

「そのとおり。ゲームや動画加工っていうのはあくまで手段だよ。その手段を使ってそもそも何をしたいのか、他の手段で目的を達成できないか、考えてみてごらん」

## 解説 「問題の世界」と「解決策の世界」

ユーザーリサーチをしていると、「こういうプロダクトがほしい」「こういう機能がほしい」という具体的なプロダクトのアイデアを聞くことがあります。そういう時は、

「なぜそのプロダクト（機能）が必要なのか」
「そのプロダクト（機能）でどんな問題を解決したいのか」

を確認しましょう。

多くの人にとって、自分が抱える問題を言語化するよりも、具体的な解決策を言語化するほうがかんたんです。ただその解決策が本当に正しいかはわかりません。なぜなら、ユーザーは解決策を考えるプロではないからです。もしかしたら最適な解決策が他にもあるかもしれません。要望どおりのプロダクトを実際に作ってみたものの、ユーザーの問題解決にまったく結びつかなかった、ということも珍しくありません。

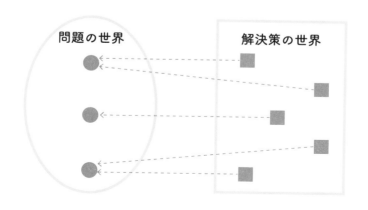

問題の世界　　　　　解決策の世界

第1章　みんなが困っていることはなんだろう　〜ユーザーが抱える問題の仮説をたてる

「そもそもその機能でどんな問題を解決したいのか」と考えることで、一見まったく異なる機能アイデアが、同一の問題を解決するためのものだったことに気づくこともあります。

チームや個人でアイデア出しをする際も同様です。具体的なプロダクトの機能イメージの議論が先行しすぎて、そもそもの解決したい問題が置き去りにならないように注意が必要です。

たかし君がおこなったように、「解決策の世界」の住人の言葉を、「問題の世界」の住人の言葉に翻訳して考えるようにしましょう。

お兄さんが帰った後、たかし君は1人になって「問題／ニーズのリスト」を眺めながら考え続けています。

**「ゲームや漫画と同じくらい楽しめる方法ってなんだろうか。SNSで目立つにはどうすればいいんだろう。短い時間でも勉強が身につく方法は……」**

たかし君はスマホでゲームやSNSをあまりしません。けっして嫌いではないのですが、プログラミングが楽しくて、ゲームやSNSに時間を使おうという気持ちが起こらないのです。

そのせいか、ゲーム好きのA君やSNSにハマるBさんの気持ちになって、頭の中で彼らが抱える問題や未充足の欲求をリアルに描き、解決策を考えることがどうしても難しいのです。

**「勉強に役立つアプリがいいかもしれないな。みんなそれぞれ好きなことは違っても、中学生だから勉強はしなくちゃいけない。**

C君がいっていたような、勉強しなくても成績があがるっていうのは難しいけど、勉強がはかどるアプリなら作れるかも」

　部活や趣味は違っても、中学生の共通項は勉強です。確実に成績が上がる勉強アプリならみんな使ってくれるかもしれません。
　たかし君は、C君の「部活が忙しくて勉強する時間がない」という問題を解決する勉強アプリを作ることを決めました。

「C君は部活で毎日忙しくて、家で勉強する時間がないんだ。そんなC君が少しでも勉強できるようにするにはどうしたらいいんだろうか」

　ふと机を見ると、英単語を覚えるための暗記帳が目に入りました。たかし君は、学校の授業で習った英単語を覚えるために、自分で暗記帳を作っているのです。

「暗記帳をアプリにするのはどうかな。紙の暗記帳をたくさん持ち歩くのはめんどうだし、アプリにすればいつでもスキマ時間に勉強できる」

「僕が作った暗記帳でC君が勉強できれば、C君は自分で暗記帳を作らなくても授業の復習ができる！」

「友だちと暗記帳を共有して助け合いながら勉強できる」というコンセプトのアプリです。

「僕は英語は得意だけど社会は苦手だ。社会が得意な人に社会の暗記帳を作ってもらえたらとても助かる」

　けっして勉強嫌いではないたかし君ですが、プログラミングに熱中しすぎて、苦手な科目の勉強がおざなりになってしまうことがあります。C君の要望がヒントになって思いついたアイデアですが、たかし君自身にとっても便利で役に立つアプリになるような気がしてきました。

「友だちと暗記帳を共有できるアプリ」という方向性が決まり、さっそく画面イメージや機能の概要を考えてみることにしました。

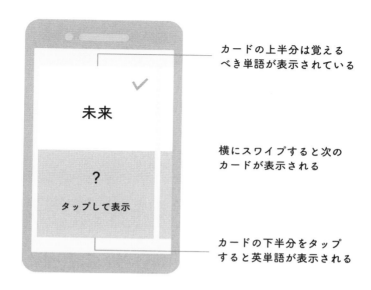

カードの上半分は覚える
べき単語が表示されている

横にスワイプすると次の
カードが表示される

カードの下半分をタップ
すると英単語が表示される

「これなら僕にも作れそうだし、みんなの役に立ちそうな気がする！」

　開発するアプリが決まったたかし君は、お兄さんに報告することにしました。

「勉強がはかどる、暗記帳アプリを作ることにしたよ」

「なるほど、『部活で忙しくて勉強する時間が取れない』というC君の問題を解決するアプリだね」

「うん、C君の役に立つと思うし、僕自身にとっても役に立つイメージが湧くんだ」

「それはいいことだね。良いプロダクトを作るには、利用者目線で物事をとらえることが大事だよ。自分自身がユーザーになるアプリなら利用者目線で考えやすいね」

　自分自身もユーザーの1人として使える、勉強のためのアプリ。中学生のたかし君にとって、ぴったりの開発テーマになりそうです。

## 解説 「だれかがほしがるもの」を作ろう

　たかし君は、みんなが使ってくれるアプリを作りたいと考えました。この考え方はとても大切です。せっかく苦労してプロダクトを作っても、使ってくる人がいなければ意味がありません。

　私たちはややもすると「自分が作れるもの」「自分が作りたいもの」だけを考えて、プロダクトを作ってしまいがちです。少しでも気を抜くと「ユーザー課題は特にないが、自社の技術で開発しやすいから（自社の販売網で売りやすいから）このプロダクトを作る」といった状況に容易におちいります。

　「そんなバカな」と思うかもしれませんが、これは決して珍しいことではありません。技術的な制約やビジネス上の要求をクリアしようと奮闘するうちに、いつのまにかユーザーよりも自社の都合を優先してしまうのです。

　一方で「こんなプロダクトがあれば、人々の生活が劇的に変わるに違いない」というようなすばらしいアイデアを思いついたとしても、

アイデアを実現できなければ絵に描いた餅です。自分が作ることができて、かつ、だれかがほしがるもの。この2つの条件を両立させる必要があります。

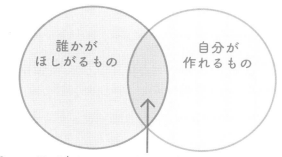

**2つの円が交わるのはどんなプロダクトだろうか？**

# 本当にこのコンセプトでまちがいない？仮説を検証する

「ところで開発を始める前に、C君の意見を聞いてみたらどうかな」

「でも、暗記帳アプリのアイデアには自信があるんだけどな」

「そうかもしれないけど、C君が抱えている問題が、『部活で忙しくて勉強する時間がつくれないことだ』というのはたかし君の想像にすぎないだろ？」

　アプリのアイデアに有頂天になっていたたかし君ですが、お兄さんにそういわれて、落ち着きを取り戻しました。「部活が忙しくて勉強する時間がとれない」という問題は、「勉強しなくても頭がよくなるアプリがほしい」というC君の言葉からたかし君が想像したもの、つまり仮説です。

　もし仮説が外れていたとしたら、たかし君の1人よがりのアプリ、たかし君のためだけのアプリになってしまいます。

「わかった。僕の仮説が正しいか、C君に確認してみるよ」

「それがいい。まず、問題の仮説が正しいか聞いてごらん。仮説があっているようだったら、具体的なアプリのアイデアを話してみるといいよ。手書きでもいいから、画面イメージが伝わるもの

を用意しておこう」

　手書きの画面イメージは「ペーパープロトタイプ」と呼ばれます。たかし君はペーパープロトタイプを用意すると、さっそくC君に連絡して意見をもらうことにしました。

「勉強しなくても成績が上がるアプリがほしいっていってたよね。それってつまり、部活で忙しくて勉強する時間がとれないってことかな？」

「そうなんだよ、部活が終わって家に帰るともう時間が遅いし、夕飯を食べるともう眠くなってしまうんだ」

　どうやら、C君が抱える問題はたかし君の仮説どおりのようです。

「こういうアプリを作ろうと思うんだけど、どうかな？」

　たかし君はペーパープロトタイプを見せながら、アプリのアイデアを説明しました。

「たかし君が作った暗記帳で勉強できるんだ。英単語を覚えるのが苦手だから助かるな！」

「こういうアプリなら、スキマ時間をうまく使って勉強できるんじゃないかな」

「通学の電車のなかで、こういうアプリを使って勉強できたら、部活と勉強を両立できそうな気がするよ！」

C君の反応は上々です。暗記帳アプリは、C君のような課外活動が忙しく、勉強時間を確保できない生徒の問題解決に役立つプロダクトになりそうです。

## 解説　その問題を抱えるユーザーは存在するのか

　アプリのアイデアを思いついたたかし君は、すぐに開発を始めるのではなく、お兄さんのアドバイスにしたがって再度C君にヒアリングをおこないました。「部活で忙しくて勉強をする時間がない」という問題を抱える友だちが本当にいるのか確認したのです。

　想定した問題を抱えるユーザーの存在を確認できている状態を、「カスタマープロブレムフィット（Customer-Problem Fit）」といいます。

　プロダクトは、問題を解決するための手段です。問題認識がまちがっていたら、どんなに高機能で素敵なデザインのプロダクトを作っても、ユーザーには利用されません。ひらめいたアイデアに飛びつく前に、問題認識がまちがっていないかを確認しましょう。

　たかし君はC君に再度ヒアリングして問題の仮説を検証したあと、ペーパープロトタイプを使って解決策のアイデアの有効性を確認しました。C君はアプリのアイデアに肯定的でしたが、この段階ではまだ本当に問題解決に結びつくかどうか検証できていません。
　たかし君は次章でいよいよ、実際にプロダクトを作って解決策の有効性を検証していきます。

# 第 2 章

# アプリを
# 完成させよう
## 〜最小限の機能セットからはじめる

# 作る機能を整理しよう

　C君以外の友だちにも暗記帳アプリのアイデアを話して意見を
もらいましたが、おおむね好評でした。自分で暗記帳を作らなく
ても、友だちが作った暗記帳で授業の内容を復習できるのがいい
ようです。

**「よし、僕の仮説はまちがいないみたいだ。アプリの開発を始め
るぞ！」**

　そう意気込んでPCに向かったたかし君ですが、どこから手を
つけていいか迷ってしまいました。何しろ人に使ってもらうため
のアプリを本格的に作るのは初めてです。

**「まずは必要な機能をひととおり洗い出してみよう」**

　まず、基本的な機能として暗記帳を表示する機能が必要です。
電子書籍アプリのように、指でページ送りして暗記帳の内容を閲
覧できるようにするつもりです。さらに、暗記帳を自分で作る機
能もいります。そして、他のユーザーが作った暗記帳で自分もラ
クして勉強できる、というのが今回のアプリの肝となるアイデア
ですから、暗記帳の共有機能も必須です。

**「英単語の発音をかんたんにチェックできる機能もほしいな」**

　英単語の発音がわからない時、たかし君は音声で発音を確認できるオンラインの辞書を使います。ただ、毎回英単語を打ち込んで調べるのがめんどうだと感じていました。そこで、英単語を正しい発音で読み上げてくれる機能があれば、勉強がはかどるのではと考えたのです。

　作りたい機能を整理して一覧にしてみると、次のようになりました。

- 暗記帳作成機能
- 暗記帳閲覧機能
- 暗記帳の編集、削除機能
- 暗記帳の共有機能
- 英単語の読み上げ機能

**「作らなきゃいけない機能が多いな。でもがんばろう」**

　開発者はたかし君だけです。今回作ろうとしているアプリは、アプリ側の開発だけでなく、サーバ側の開発も必要です。ユーザー間で暗記帳を共有できるようにするために、暗記帳データをサーバ側に保存しておく必要があるからです。アプリ側もサーバ側も、全部1人で開発しなければなりません。

　たかし君はプログラミングが大好きなので、開発すること自体は苦ではないのですが、完成までの道のりが遠く、少し焦りが出てきました。

「スマホで勉強なんて本当にしてくれるかな。つい SNS をみたりゲームで遊んでしまって、アプリを使ってくれないんじゃないか」

　自分 1 人で作りきれるだろうか、苦労して作ってもやはりみんなが使ってくれないんじゃないか。いろいろな不安が頭を巡ってしまい、開発する手の動きが止まってしまいます。たかし君がもんもんとしながら PC に向かっていると、お兄さんが様子を見に来ました。

 「たかし君、アプリ開発は順調？」

 「それが思った以上に機能や画面が多くて……。焦ってしまって、まだ全然進んでいないんだ」

　たかし君は開発予定の機能の一覧を、お兄さんに見せました。

 「なるほど、たしかに初めて作るスマホアプリとしては機能数がちょっと多いね。最初のバージョンは、少し機能を絞ったほうがいいんじゃないのかな。たとえば、英単語の発音機能は必須だろうか」

 「その機能はお気に入りのアイデアで、ぜひ作りたいんだ」

　英単語の発音を確認する機能は、スマホのテキスト読み上げ機能を応用して作ってみたいと思っていたのです。紙の暗記帳にはない、アプリならではの便利さになるため、削るのは惜しい機能です。

「でも、みんながスマホで勉強してくれるか不安なんだろう？だったらまず基本的な機能だけで、アイデアを検証したほうがいいんじゃないかな」

　がんばって高機能にしても「スマホでスキマ時間に勉強する」というアイデア自体が受け入れられないかもしれません。そもそもこの開発ペースだと、完成する前に夏休みに入ってしまいそうです。

「便利な機能をたくさん作りたいという気持ちはいいと思うけど、時間が限られているなら開発の優先順位を考えたほうがいい」

　基本的な機能だけでも早くみんなに使ってほしい。そう思ったたかし君はお兄さんのアドバイスを受け入れて、最初のバージョンから、大幅に機能を削減することにしました。

残す機能

・暗記帳閲覧機能

次のバージョンに回す機能

・暗記帳作成機能
・暗記帳の編集、削除機能
・暗記帳の共有機能
・英単語の読み上げ機能

ユーザーが自由に暗記帳を作成できる機能は思い切ってはぶき、たかし君があらかじめ Google スプレッドシートで作成した暗記帳データを読み込むようにしました。これでサーバ側の開発は不要になり、暗記帳の作成、編集、削除の機能は開発せずにすみます。また、こだわりのあった英単語の読み上げ機能も、次のバージョンに回すことにしました

たかし君が開発したアプリは次のような画面になりました。

| 暗記帳一覧 | |
|---|---|
| タイトル | 進捗 |
| 英語 A 1 章 | 1／20 |
| 英語 A 2 章 | 3／20 |
| 英語 A 3 章 | 1／20 |
| 英語 A 4 章 | 10／20 |
| 英語 A 5 章 | 0／20 |

暗記帳一覧画面
暗記帳の一覧が表示されていて、タイトルをタップすると暗記帳が表示されて学習をスタートできる。「進捗」と書かれた列には、暗記カードの枚数と覚えた数が表示されている

暗記帳
画面上半分に問題が表示され、下半分をタップすると回答が表示される。
右上のチェックマークをタップするとそのカードは覚えたことになり、次回からは表示されなくなる

| | A | B |
|---|---|---|
| 1 | 問題 | 答え |
| 2 | Future | 未来 |
| 3 | Language | 言語 |
| 4 | Machine | 機械 |
| 5 | Success | 成功 |
| 6 | Travel | 旅 |
| 7 | Peace | 平和 |
| 8 | Textbook | 教科書 |

暗記帳データ
たかし君が作成した
Google スプレッドシートのデータを読み込む

# アプリを
# 公開した結果……？

　開発を始めて2週間ほどで、暗記帳アプリの最初のバージョンが完成しました。たかし君は完成した暗記帳アプリをアプリストアに公開して、さっそくC君に使ってみてもらうことにしました。

「前に話した勉強のためのアプリを作ったんだけど、使ってみてくれないかな」

「暗記帳アプリだね。これたかし君が自分で作ったの？　すごいね！」

「うん。次のテストで出そうな英単語を登録しておいたよ」

「ありがとう！　これはすごく助かるよ。サッカー部のみんなにも教えていいかな？」

「もちろん！　アプリを使った感想、今度聞かせてよ」

　C君はアプリをインストールして、家に帰る電車のなかで試してくれたようです。それだけでなく、同じサッカー部のクラスメートにも紹介してくれました。アプリの使い勝手のよさだけでなく、たかし君があらかじめ作っておいた英語テスト対策の暗記

帳も、高評価を得られた理由のようです。たかし君のアプリは友達の間で口コミで広がり、なんと同じ学年の生徒のほぼ全員がインストールしてくれました。

　みんながたかし君の暗記帳アプリで勉強した結果、小テストの平均点が急上昇しました。これには英語の先生もびっくりです。

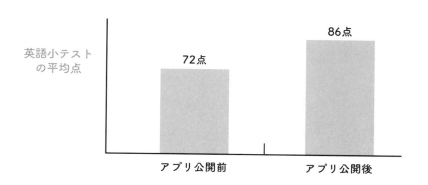

英語小テスト
の平均点

72点

86点

アプリ公開前 アプリ公開後

　たかし君は、この結果をさっそくお兄さんに報告しました。

「同級生のほとんどの人がアプリを使ってくれて、小テストの平均点が上がったんだ。先生も驚いていたよ」

「すごいすごい。『スマホで勉強なんてしないかもしれない』という懸念は杞憂だったみたいだね」

「うん、みんな授業の合間や通学中に使ってくれていたよ」

「ユーザーが抱える問題に対する解決策が正しかった、ということになるね」

「これで安心して、機能追加していけるよ」

　アプリのペーパープロトタイプに対する友だちの反応は好意的だったのですが、本当にアプリで勉強してくれるか、定かではありませんでした。「みんな自分に気を使ってお世辞をいっているんじゃないか」「実際にはめんどうでアプリを使ってくれないんじゃないか」と不安だったのです。

　実際にアプリを開発して公開した結果、多くのクラスメートがアプリを使用してくれただけでなく、テストの成績があがるという、明確な成果を得ることができたのです。

## 解説　仮説を段階的に検証する

　たかし君のアプリはクラスのみんなに使ってもらうことができただけでなく、学習効果があることが小テストの結果からわかりました。たかし君は、開発に着手する前にアプリの有効性を確認するヒアリングをおこないましたが、ユーザーへのヒアリング結果をうのみにすることはできません。「プロダクトのアイデアに否定的な意見を言うと気を悪くするかもしれない」と気を遣って、好意的な意見をいう人が少なからずいるからです。そのため、アイデアの有効性は実際のプロダクトで確認するまでわからないのです。

　問題を解決するためのアイデアが妥当かどうか確認できている状態を、プロブレムソリューションフィット（Problem - Solution Fit）といいます。

　たかし君は、「『勉強以外の活動が忙しく、勉強時間が確保できな

い』という問題を抱えるクラスメートがたしかにいること」というカスタマープロブレムフィットと、その解決策として「スマホでスキマ時間に勉強できる暗記帳アプリが有効であること」というプロブレムソリューションフィットを確認することができました。

誰の

どんな課題を

どうやって
解決するのか

❶ Customer-Problem Fit

❷ Problem-Solution Fit

あなたは、何が本当にユーザーにとって役に立つプロダクトなのか、わからない状態でプロダクトを開発しなければなりません。そのため、このように仮説を1つ1つ検証して、ユーザー理解を深めながら段階的に正解に近づいていきます。もし仮説が間違っていたら、1つ前のステップからやり直します。たかし君の例でいうと、仮に「スマホで学べる暗記帳」という解決策がクラスのみんなに受け入れられなかったとしても、「限られた時間で勉強しなければならない」という問題を抱えていることが確かであれば、別の解決策を考えて再度トライすればいいのです。

# アプリに機能を追加する

　アプリのコンセプトがまちがっていないことを確信したたかし君は、アプリの機能追加を進めることにしました。

　まず、以前開発を見送った暗記帳の作成機能を追加します。最初のバージョンでは、すべてのユーザーにたかし君が作成した同一の暗記帳を提供していたので、同じ教科書で勉強をしている同学年の生徒しかアプリを使えませんでした。

　自分で暗記帳を作ることができれば、他の学年の生徒も使ってくれるかもしれません。実際にC君は、サッカー部の後輩に自分たちも暗記帳アプリを使いたいといわれたそうです。

　あわせて、暗記帳の共有機能も追加します。自分だけで使いたい暗記帳もあるでしょうから、作った暗記帳は公開／非公開の設定を可能にします。また、前回泣く泣く見送った、英単語の発音確認機能も開発します。

| キャンセル　　カード作成　　　　完了 |
| --- |
| 問題 |
| **Machine** |
| 回答 |
| **機械** |

暗記帳作成機能
問題と答えを入力していくことで、
自分で暗記帳を作ることができる

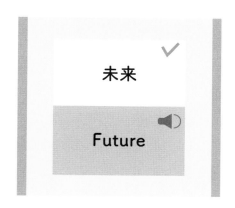

発音確認機能
スピーカーアイコンをタップすると、スマホのテキスト読み上げ機能で英単語が読み上げられて、発音を耳で確認できる

暗記帳の設定機能
暗記帳の名前と、暗記帳の公開範囲を設定できる。公開範囲を「自分のみ」にすると他の人には見られないが、「公開する」に設定すると暗記帳一覧に表示されてアプリを使っている人全員にシェアできる

## 解説 最小限の機能セットで作る

　たかし君は、お兄さんのアドバイスにしたがって開発する機能を絞ることにしました。たかし君にとって、これは賢明な判断だったといえるでしょう。

　プロダクト開発においては、プライオリティ設定（優先順位付け）は常に重要な問題です。たかし君は1人でアプリを開発しており、自身のスキルや開発に使える時間にも制限があります。最初から多機能

なプロダクトを目指しても、途中で挫折してしまうかもしれません。たかし君は余暇でプロダクトを開発している個人開発者ですが、スタートアップ企業であれば、プロダクトが完成する前に資金が尽きてしまうという事態もありえます。

　たかし君はペーパープロトタイプをもとにヒアリングし好感触を得たものの、「スマホで本当に勉強をしてくれるだろうか」という懸念を拭いきれません。最初のバージョンでいろいろな機能を搭載したとしても、もしかしたら「スマホで勉強する」というアイデアそのものが受け入れられず、アプリがまったく使われないかもしれません。その場合は、がんばって開発した機能がすべて無駄になってしまいます。

　どんなに綿密に考えられたプロダクトでも、こうした「使われないリスク」や「開発が無駄になるリスク」はあります。
　そこで、最初にリリースするバージョンは、アイデアを検証するのに必要な最小限の機能セットにし、もし仮説がまちがっていたら、すぐに方向転換や軌道修正ができるようにします。この仮説検証に必要な最小限の機能セットを備えたプロダクトを、「Minimum Viable Product（MVP）」といいます。

　最小限の機能セットといっても、ユーザーが実際につかって便益を得られるものでなければいけません。次の図を見てください。

　左側の自動車には、前輪がありません。そのためユーザーから見れば、移動するという目的には利用できない欠陥品です。一方で右の図の自転車は両輪がそろっており、移動手段として利用できる状態になっています。自転車より自動車のほうが長距離を早く移動でき、高性能な移動手段といえるでしょう。ただし、未完成の自動車は役に立ちません。MVPとは、この完成した自転車のような状態を指します。機能数は少なく性能が劣っていたとしても、用途を満たせるプロダクトになっている必要があります。

　たかし君が最初にリリースした暗記帳アプリは、自分で暗記帳を作成することができません。ただ、あらかじめ用意されたテスト対策用の暗記帳で勉強することはできますから、「スマホを使って勉強するだろうか」という仮説を検証するうえでは必要十分な機能を備えたMVPであるといえます。

# 他校にもアプリを
# 広めたい！

　日曜日に近所に住む小学校時代の同級生、E君とF君が遊びに来ました。3人はそれぞれ違う中学校に通っていますが、いまも時折集まっていっしょに遊んでいるのです。

　たかし君は、E君とF君にも暗記帳アプリを使ってもらいたいと思いました。今はたかし君の学校の生徒しか使っていないアプリですが、E君とF君に広めてもらえば、他の学校の生徒も使ってくれるのではないかと思ったのです。

「こんなアプリを作ったんだけど、使ってみてくれないかな」

「うちの学校、スマホ禁止だから持ってないんだよね。家にパソコンはあるから、パソコン版を作ってよ」

　E君の学校は校則が厳しく、学校にスマホを持ち込んではいけないそうです。そうした学校の生徒は、授業の合間や通学中などのスキマ時間に勉強できる、というアプリのメリットを享受できません。

「じつはオレ、学校の授業に全然ついていけてないんだ。今度親が家庭教師をつけるっていってる」

F君はそもそも勉強への苦手意識が強く、1人で勉強して知識を身につけるのは難しそうです。

　ということで、「他校の友だちを通じてアプリを広める」というたかし君のもくろみはもろくも崩れたのでした。

　たかし君は、E君とF君に暗記帳アプリを紹介したときのいきさつをお兄さんに話しました。

「他の学校でも使ってもらおうと思って、小学校の同級生にアプリを見せたんだけど、全然使ってくれそうになかったんだ」

「どうしてだろう？　暗記が得意で困っていないから？」

「いや、そうじゃないんだ。E君はスマホを持ってなくて使えない。F君は勉強が苦手でアプリで自習するのは難しそうなんだ」

「それは、2人がたかし君のアプリのターゲットではないということかもしれないね」

「ターゲット？」

「そう。あらゆる人を満足させるプロダクトを作るのは難しいんだ。プロダクトの想定利用者像、ターゲットユーザーを明確にすることが重要だよ」

　たかし君の中学は私立の進学校です。中学受験を乗り越えてきたため、自分で勉強するうえで必要な基礎的な学力があります。また、自由な校風なのでスマホの利用も禁止されていません。た

かし君は、暗黙的にそうした進学校に通う生徒をターゲットにアプリを開発していたのです。

　ターゲットが違えば、抱える問題が似ていても解決策は異なります。学校へのスマホ持ち込みが禁止されているE君については、そもそもスマホアプリで問題解決するのは難しそうです。学力不足のF君には、基礎からわかりやすく学び直しができる、動画学習アプリが解決策として有効かもしれません。

　ただ、たかし君は友だちを通じてアプリを他校に広めるという作戦を捨てきれず、打開策を考えようとしています。

「スマホをもってない中学生でも使えるように、ブラウザ版も作ってPCのブラウザでも使えるようにするのはどうかな」

「たしかに、ブラウザ版を作ればE君は使ってくれるかもしれないね。でも、アプリに加えてブラウザ版まで機能改善していく余力がたかし君にはあるかな」

　アプリに追加したい機能もまだまだあります。ブラウザ版を作ろうとすれば、アプリの機能追加が遅れてしまいます。たかし君はお兄さんのアドバイスにしたがって、「スマホをもっていて自習する学力がある中学生」を当面のターゲットとすることにしました。

## 解説 ターゲットはだれか

　プロダクトを作る際には、「どんなユーザーに使ってもらいたいのか」を考え、プロダクトの利用対象者、すなわち「ターゲット」を設定する必要があります。

　同じ中学生であるにも関わらず、小学校時代の同級生のE君とF君は、アプリのユーザーにはなってくれませんでした。E君はそもそも校則でスマホが禁止されており、F君はアプリで自習するには学力が不足していたのです。

　この場合、E君とF君がアプリの利用に前向きではなかったのは、プロダクトの良し悪しの問題ではなく、プロダクトのターゲットではなかったと考えるべきです。

　縦軸をスマホ保有の有無、横軸を学力にとった2軸図で考えてみましょう。たかし君の暗記帳アプリは、4象限のどこに属する生徒をターゲットにしているでしょうか。

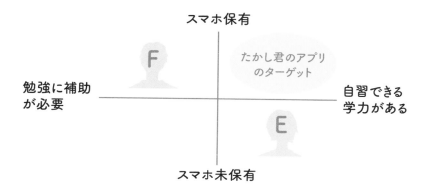

　右上の、「スマホを保有していて自習できる学力がある」象限に属する生徒たちですね。E君は右下、F君は左上の象限に属しています。

このように、特徴や属性によってユーザーを分類することで、ターゲットとする層とターゲットにしない層を明確化できます。

# 第 3 章

# アプリはどう
# 使われている?
## 〜ユーザーの利用状況を把握する

# 初めての
# バージョンアップ！

　暗記帳アプリの追加機能の開発を進めているうちに、夏休みになりました。

　暗記帳を作成する機能や英単語の発音確認機能は完成しており、あとは設定関連の機能を作り終えれば新バージョンのアプリを公開できます。

　最初のバージョンではアプリ側の開発のみでしたが、今回の機能追加ではサーバ側の開発も必要となりました。ユーザーが作成した暗記帳を他のユーザーに共有できるように、暗記帳データをサーバ側に保存するようにしたためです。本当は夏休み前に新機能を公開したかったのですが、アプリ側とサーバ側の両方の開発を同時に進めるのはたかし君には荷が重く、思った以上に時間がかかってしまいました。

　すべての機能開発が終わり、動作テストが終わった時にはお盆前になっていました。

**「よし！　これで新しいバージョンのアプリをリリースできるぞ！」**

　たかし君はドキドキしながらアプリストアへの公開準備を進めます。最後の動作確認をして、アプリの公開ボタンを押した時にはもう日付が変わりそうな時間でした。

「リリース完了だ！ 夏休みの間もみんな僕のアプリを使って勉強してくれるとうれしいな」

　たかし君はそのまま倒れるようにベッドに横になると、疲労と充実感を感じながら眠りにつきました。

# 毎日使ってもらえるアプリにしたい！

　　アプリ公開の翌朝、たかし君はいつもより少し遅くまで寝ていました。このところ根を詰めて毎日長時間のアプリ開発をしていたので、疲れがたまっていたのです。

**「そろそろみんながアプリをアップデートして使い始めてくれているころだ。サーバにアクセスが集中してエラーが発生していたらたいへんだ」**

　　たかし君はサーバの稼働状況を調べてみました。負荷が高くなってサーバが落ちていないか心配だったのです。

**「あれ？　おかしいぞ」**

　　アプリからサーバにアクセスがあった形跡がまったくありません。

**「これはどういうこと？」**

「お兄さん、聞いてよ！　あんなに好評だった暗記帳アプリが、今はまったく使われていないんだ」

「どうしたんだろうね。いつから使われなくなったんだろう？

アクティブユーザー数の推移を見てみようか。集計できるかい？」

　アクティブユーザー数とは、一定の集計期間内にプロダクトの利用履歴があるユーザーの数です。日次のアクティブユーザーは「DAU（Daily Active Users）」、週次／月次のアクティブユーザーはそれぞれ「WAU（Weekly Active Users）」、「MAU（Monthly Active Users）」と呼ばれます。

「アクティブユーザー数の推移？　どうやって集計すればいいんだろう……」

　今回のバージョンアップでサーバにデータを置くようになり、サーバのCPU稼働率の推移からアプリの利用状況は推測できます。ただ、日次のユーザー数などの、ユーザー単位でみた細かい利用状況まではわかりません。

「バージョンアップ前はアプリだけで動いていたから、利用状況のデータが取れていないんだ。バージョンアップ後はサーバにログは残るけど、ユーザーを識別できる情報を記録していないから、アクティブユーザー数の推移は集計できないよ」

「そうか、それは困ったね。取り急ぎ、ユーザーを識別できるIDとサーバへのアクセス日時をデータベースに記録するように改修しておこうか」

「うん、わかった。この後すぐにそうするよ」

「今回はアプリストアの分析機能を使って利用状況を確認しよう。

一部のユーザーの情報しか取得できないけど、おおよその傾向は
つかめるはずだよ」

　アプリストアの分析機能を使えば、アプリ解析に同意したユーザーの利用状況について、統計情報を確認できます。たかし君はお兄さんに手順を教えてもらいながらアプリストアの管理画面にアクセスし、アプリ起動人数の分析レポートを表示しました。

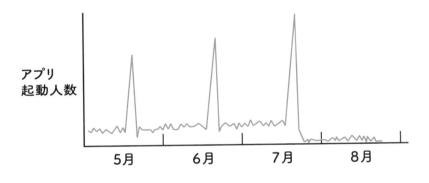

 「これはおもしろい動きをしているね」

 「毎月同じようなタイミングで利用者が急激に増えている。うーん、どうしてだろう……」

 「そして夏休みに入ってからはアプリを使った人はほとんどいないみたいだ」

 「あんなに好評だったのにどうして使われなくなってしまったんだろう。アプリに不具合があって起動できなくなったんだろうか。それとも使いづらい部分があるのかな」

毎月一時的に利用者数が増える理由もわかりません。たかし君は、毎週のように新しい暗記帳を公開してみんなが勉強できるようにしていたのです。どうにも原因がわからないたかし君は、C君に電話して聞いてみることにしました。

「暗記帳のアプリだけど、最近使ってくれてるかな？」

「ああ、あのアプリだね。ごめん、夏休みに入ってから部活が忙しくてぜんぜん使ってなかったよ。テストもないしね」

　C君の話を聞いて、たかし君はようやく合点がいきました。みんながアプリを使うのはテストの直前だけだったのです。たかし君の学校では毎月月末に小テストがおこなわれます。100点満点中、60点以上とらないと再テストを受けなければなりません。再テストを受けたくないクラスメートたちは、小テストの直前だけたかし君のアプリを使っていたのです。

　たかし君は普段からコツコツ勉強するまじめなタイプだったので、「テスト直前に一夜漬けで暗記する」というクラスメートの行動を想像できなかったのです。

**「毎月月末だけ起動人数が増えるのはそういうことだったのか。今は夏休みでテストがないからみんな使わないんだ」**

　毎月スパイク上に利用者が増える現象も、これで説明がつきます。

**「勉強ができるようになるためじゃなくて、再テストを受けたくないからアプリを使っていたんだなぁ」**

暗記帳アプリがテスト前にしか使われないという現実を知って、たかし君はがっかりしました。

**「テスト前だけじゃなくて、毎日使ってほしいなぁ。一夜漬けだとテストが終われば忘れてしまうし……」**

 ## 現象の背後にある真因を理解する

　問題を解決するには目の前の現象がなぜ発生しているのか、その原因を正しく理解する必要があります。

　「氷山の一角」という言葉があります。目に見えているものは全体の一部でしかない、という意味です。これと同様に、一見して知覚できる現象の背後には、その現象の発生原因が隠されています。

　たかし君はアプリが全然使われていないという現実を知り、アプリのアクティブユーザー数の推移のグラフから、毎月スパイク的に利用者数が増えるパターンを発見しました。さらにユーザーにヒアリングすることで、毎月月末に小テストが実施され、目標点数を下回れば再テストを受けさせられることがこのパターンを生む原因であることを突き止めます。

　そこには「できれば勉強はしたくないが、再テストは受けたくない」というクラスメートの心理が背後にあることもわかりました。「アプリが使われなくなった」という現象はまさに氷山の一角で、「その背後に潜むパターン」「パターンを生み出す構造」「構造を生み出す

人間心理（メンタルモデル）」が存在することがわかったのです。

| | |
|---|---|
| 現象 | アプリが全然使われていない |
| パターン | 毎月スパイク的に利用者数が増える |
| 構造 | 月末の小テスト前だけ勉強する生徒が多い |
| メンタルモデル | 勉強はしたくないが再テストは回避したい |

　このように、「現象」「パターン」「構造」「メンタルモデル」に分解して考える物事のとらえ方を「氷山モデル」と呼びます。（氷山モデルについてさらにくわしく知りたい方は、「システム思考」について調べてみましょう）

　たかし君はアプリがまったく使われていないという現象を見て、最初は「アプリの不具合や使い勝手の悪さが原因ではないか」と反射的に考えました。その後データに基づいて利用状況を可視化し、ユーザーヒアリングをおこなうことで、現象を説明する正しい原因に行き着くことができたのです。

## 解説　KGIとKPIをモニタリングしよう

　プロダクトを継続的に改善するためには、ユーザーの利用状況を統計的にモニタリングできるようにしておく必要があります。たかし君

のアプリではユーザーの利用ログを記録していなかったため、利用状況を正確に把握することができませんでした。プロダクトをリリースする前に、ログを記録するしくみを忘れずに作っておきましょう。

　プロダクトの目標達成度を測り、目標達成に向けた活動をコントロールするための指標を KGI、KPI と呼びます。

| KGI | Key Goal Indicator<br>重要目標達成指標 | 最終目標が達成されているかを測るための指標 |
|---|---|---|
| KPI | Key Performance Indicator<br>重要業績評価指標 | 最終目標を達成するためにおこなう、活動の結果を評価するための指標 |

　KGI を達成するための指標が KPI ですから、KGI と KPI は親子関係にあります。

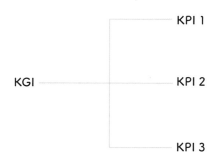

たかし君の目標は「多くの人に毎日使ってもらうアプリを作ること」ですから、KGI は「日次アプリユーザー数」になります。日次のアプリユーザー数を増やすにはどうすればいいでしょうか。まずアプリの存在を知り、新しくインストールしてくれる人を増やす必要があります。またインストールした日だけでなく、翌日以降も継続的にアプリを起動して利用してもらう必要もあります。つまりたかし君が今後 KGI を目標数値に近づけるために意識すべき KPI は、「アプリの新規インストール数」「継続利用者数」の 2 つになります。

　アプリの新規インストールを増やす活動と、継続利用者数を増やす活動はまったく異なります。たとえば「継続利用者数は多いが、新規インストール数が少ない」のであれば、アプリを認知してもらう活動に注力したほうがいいでしょう。逆に「インストール数は多いのに、継続利用者数が少ない」のであれば、たかし君がおこなったように、ユーザーがプロダクトを使わなくなってしまう理由を探るべきです。

# 第 4 章

# 使い続けてもらう工夫をしよう

## 〜エンゲージメントを獲得する

# どうすれば
# 使い続けてもらえる
# アプリになるんだろう

　　テスト前に集中して暗記帳アプリが使われる、という利用実態を把握することができましたが、どうすればみんなが毎日使ってくれるアプリになるでしょうか。たかし君は、近所に住んでいるＡ君に聞いてみることにしました。

「僕の暗記帳アプリ、どうすればテストの直前以外にも使ってもらえるようになるかな。勉強は毎日やったほうがいいと思うんだけど」

「オレは勉強を毎日するのはいやだなー。ゲームなら毎日やるけどさ。ゲームしながら英単語を覚えられるようにしてよ」

　　Ａ君はやっぱりゲームがいいようです。Ａ君の話を受けて、たかし君は持っていたノートにアプリのイメージを書いてみました。

「ゲームにするって、たとえばこういうことかなぁ」

「そうそう、そういう感じ！ こんなゲームみたいな勉強だった
ら、毎日やると思うんだよね！」

　ゲームで遊んでいるうちに英単語が覚えられる。そんなアプリ
が本当に作れたらいいのですが、たかし君は釈然としません。数
あるスマホゲームよりもおもしろいゲームにしない限り、A君は
絶対プレイしてくれないと思うのです。

「勉強のためのアプリを毎日使ってもらうなんて、土台無理な話
なんだろうか。暗記帳アプリは、少なくともテスト対策のアプリ
として使ってもらえたし、初めて作ったにしては上出来かもしれ
ない。もし毎日使ってもらうことを目指すならSNSで目立てる
アプリみたいな、楽しいものを考えたほうがいいのかなぁ」

暗記帳アプリに固執せずに、新しいアプリを考えたほうがいい
かもしれない。たかし君はそう考え始めました。

「お兄さん、やっぱり勉強のためのアプリを毎日使ってもらうの
は無理だと思うんだ」

「お、ちょっと弱気になっているね」

「A君と話したんだけど、ゲームしながら勉強できるなら毎日使
うって」

「ゲームしながら勉強できたら最高だね。でも今はおもしろい
ゲームがたくさんあるから、同じくらい楽しいゲームで、なおか
つ勉強にも役に立つアプリを作るのは相当難しいだろうね」

「そうなんだよ。A君が普段遊んでいるゲームを超えるゲームア
プリを作れる気がしないんだ」

「自分が作ったアプリを毎日使ってほしい、というたかし君の作
り手としての気持ちはよくわかるよ。でもユーザーの視点だとど
うだろう？」

「ユーザーの視点だと、ゲームくらい楽しくなければ毎日は使い
たくない、ということなのかな」

「たかし君のアプリを使いたいか、というところからちょっと離
れてみようか。そもそもみんなには毎日勉強しなければならない、
毎日勉強したい、という気持ちはあるんだろうか？」

テストの前日以外にも勉強することの必然性を感じていないのであれば、暗記帳アプリを毎日使ってほしいというのは、プロダクトを提供する側の都合の一方的な押し付けになってしまいます。

「わかった。そもそも毎日勉強をする必然性をみんなが感じているのかどうか聞いてみるよ」

「それがいいね。もしかしたら勉強に対する考え方がたかし君とみんなで違うのかもしれないよ」

「自分が作ったアプリを毎日使ってほしい」という作り手側の思いが先行しすぎていたことに気づいたたかし君は、あらためてみんなが勉強についてどう考えているのか、ユーザー側の意向を確認してみることにしました。

## 解説　鎮痛剤、ビタミン、キャンディ

鎮痛剤は即効性があります。「歯を抜いた後に麻酔が切れて痛い」といった時には、鎮痛剤がほしくなります。一方で、ビタミン剤には即効性がありません。長期間摂取することで、不足する栄養素が補われて健康になるといわれています。

プロダクトにも、即効性のある「鎮痛剤」的なものと、長期間使い続けて初めて便益を得られる「ビタミン剤」的なものがあります。たかし君の暗記帳アプリはどちらでしょうか。小テストをパスしないと追試になるという目の前の切実な問題を回避できる、という意味では

「鎮痛剤的なプロダクト」といっていいでしょう。

　毎日少しずつ勉強してもらうことを目的にしたアプリはどうでしょうか。アプリで 10 分間勉強しただけでは、頭がよくなったり勉強ができるようになった実感はもてません。ただ、継続して利用すれば学力の向上を期待できます。ですからたかし君のアプリは、鎮痛剤ではなくビタミン剤的なアプリになることを意図したものといえるでしょう。

　即効性がないものを、長期間使い続けてもらうには工夫が必要です。「体質改善のためにビタミン剤の摂取を始めたものの、いつのまにかやめてしまった」といった経験が、あなたにもあるのではないでしょうか。またチョコレートやキャンディといったお菓子のように、美味しくてたくさん摂取したくなる食べ物もありますね。A 君の好きなゲームや B さんがハマっている SNS は、いつまでも遊んでいたいと思わせる、「キャンディ的なプロダクト」です。

　あなたのプロダクトは鎮痛剤、ビタミン剤、キャンディのどれに分類されるでしょうか。ビタミン剤の場合は、どのような「続けられる工夫」を備えているでしょうか。

# みんなが本当に
# 求めているものは？

　　たかし君は、勉強はテスト前だけではなく毎日コツコツとやるものだと考えています。それが普通だと思っていたのですが、果たして他の中学生はどうとらえているのでしょう。クラスメートのBさんに聞いてみることにしました。

「Bさんは、家で勉強を毎日やるタイプ？　それともテスト前だけやるタイプ？」

「テスト前にがんばるタイプかなー」

「僕は毎日少しずつ勉強するタイプなんだ」

「さすが真面目だねぇ」

「暗記帳アプリを毎日使われるようにしたいんだけど、テスト前にしか使われなくて、悩んでいるんだ。やっぱり勉強アプリを毎日使ってもらうのは難しいのかな」

「テスト前以外も、勉強したほうがいいとは思ってるよ。来年はクラス分けのテストもあるしね」

たかし君の学校は中高一貫校です。中等部から高等部に進学する際に、成績別でクラス分けがおこなわれるのです。

「でも……」

「でも？」

「『今日から真面目にやろう』って決意して、新しいノートを買ったりするんだけど、結局続かないんだよね。最近は、せいぜい宿題をやるくらいかな」

　過去に何度か「毎日勉強しよう」と決意したことはあったものの、そのたびに三日坊主になってしまったようです。ただ、勉強しないといけないという意識はあるようなので、お兄さんから指摘されて気がついた「そもそも勉強する必然性を感じているのか」という懸念は一応払拭されました。

**「勉強しなきゃいけない、とは思ってるんだな。ということは、求められているのは『努力が続かない人でも勉強を続けられるアプリ』ということなのかもしれない」**

　どういうアプリなら、Bさんは使い続けてくれるのでしょうか。

「毎日使ってるアプリって何かある？」

「LINEとTwitterは毎日見てるよ」

「そういう楽しむためのアプリ以外だと他に何かないかな」

「ダイエットのアプリは毎日見てるかな」

　体重計と連動したダイエットアプリで、体重の推移がグラフで表示されたり、目標体重まで後どれくらいか、数字で表示されたりするようです。甘いものの誘惑を我慢できなくなりそうな時は、ダイエットアプリを開くと食欲を我慢できるとのこと。

　目標体重に少しずつ近づいているのがわかると、ダイエットを続けようという気持ちになるそうです。それまでは何度も挫折してしまったダイエットを、アプリのおかげで何週間も継続できているとのことです。

「なるほど。それはなにかヒントになりそうだな……」

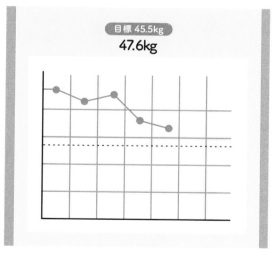

ダイエットアプリの
体重推移グラフ

「ありがとう。とても参考になったよ」

「がんばって。まあ、あたしもそろそろ勉強しなきゃなとは思ってるんだよね。やる気になる勉強アプリ作ってよ」

たかし君は、Bさんとの会話でヒントを得た気がしました。

　勉強もダイエットも、「自分のための努力」「やらなければいけないと思ってはいるが続けられない」という点では、共通するものがあります。

**「やる気になるっていうのがポイントかもしれない」**

　アプリを最初に作った時は、「スキマ時間でいかに効率的に勉強するか」という点だけを考えていました。毎日使ってもらうためにはそれだけでは不十分で、Bさんがいっていたように「やる気にさせる工夫」が必要なのかもしれません。

**「ダイエットアプリは参考になりそうだな。いろいろダウンロードしてどんな工夫をしているのか調べてみよう」**

　たかし君は、他のアプリがどんな「努力を続ける工夫」をしているのか調査することにしました。

　その夜、たかし君はお兄さんの家を訪問して、Bさんとの会話で気づいたことを報告することにしました。

**「たかし君、みんなの勉強に対する考え方はヒアリングできたかい？」**

**「うん、クラスメートに話を聞いてみたんだけど、勉強しないといけない、という気持ちはあるみたいなんだ。でもやる気が続かない」**

**「なるほどね」**

「これまでは、『部活とかで忙しくて勉強する時間がない』という問題を解決しようとしていたけど、本当の問題は、『毎日勉強しなきゃいけないのについサボってしまう』ことなのかもしれない」

「それはとてもいい気付きだね」

　たかし君は、努力を続けさせる仕掛けとして、ダイエットアプリの機能が参考になるのではないかと考えていることをお兄さんに話しました。

「同じような問題の解決に取り組んでいるアプリのベストプラクティスを取り入れるというのはとてもいいアプローチだよ。ダイエットアプリだけじゃなくて、ランニングなどのフィットネスアプリも参考にするといいかもしれないね」

　ランニングもダイエットと同じで継続しにくい努力です。

「僕が使っているランニングアプリをしばらく使ってみてはどうかな」

「そうだね、夏休みになって、ずっと家にこもってプログラミングをしてるから運動不足だし、ちょうどいい機会かも」

　たかし君はランニングアプリをインストールして、しばらく使ってみることにしました。

# ユーザーの「真の問題」は何か

　たかし君は、「みんなにとっての本当の問題は、勉強する時間がないことではなく、勉強する気持ちが続かないことではないか」と気づくに至りました。

　この気付きは、「テスト直前しかアプリを使ってもらえない」という課題を解決する鍵になりそうです。

　ユーザーの「真の問題」を発見するのはかんたんではありません。自分が抱える問題について、ユーザー自身が自覚していないことが多いからです。ユーザーと接点を持ち、言葉の端々から類推する必要があります。

　また、ユーザーの言葉をそのままうのみにするのも危険です。たとえばA君は「ゲームのような勉強アプリがほしい」といっていました。その言葉をうのみにして、たかし君がイメージ図を描いたようなシューティングゲームアプリを作っていたらどうなっていたでしょうか。たかし君が懸念したように、他のゲームアプリに見劣りするものしか作れず、全然プレイされなかったでしょう。

　ユーザーの言葉を文字通り受け取ってしまうことを、カスタマーマイオピア（顧客近視眼）といいます。「ゲームのようなアプリがほしい」という言葉の裏側にあるホンネは何なのか。結局の所、どんな問題を解決したくて「ゲームのような」解決策を求めているのか。表面的な言葉に惑わされずに、真意を見極める必要があります。

　「もし私が人々に何がほしいか尋ねれば、彼らは『もっと速い馬がほ

しい』と答えていただろう」

「人は形にして見せてもらうまで、自分が何がほしいかわからないものだ」

　1つ目は世界で初めて自動車の大量生産に成功したヘンリー・フォードの言葉、2つ目は Apple の創業者スティーブ・ジョブズの言葉です。いずれも、「ユーザー自身は求めるものを正しく自覚できていないこと」を言い表しています。

　ユーザーの言葉をそのまま信じてはいけませんが、それに耳を傾けることは大事です。「こういうプロダクトがほしい」「こういう機能が必要だ」という言葉をうのみにしてはいけませんが、ユーザーが何らかの不満や未充足の欲求を抱えているのはまちがいありません。

　ユーザーがおかれた状況を想像して、ユーザーの目を通して世界を見てみましょう。どういう心理でその言葉を発したのか、ユーザーになりきって自分ごとのように感じることができれば、「真の問題」の発見まであと一歩です。

## 「勉強を続けられる ユーザー体験」を作る

　ランニングアプリをインストールして 1 週間ほど経った頃、たかし君がランニングをしようと家を出たところで、運動を終えたお兄さんと出くわしました。

「ランニングアプリを使ってみた感想はどう？」

「うん、正直いってあまり運動は好きじゃないんだよね。でも、お兄さんが走り始めたのをアプリで通知されると、僕も走らなきゃって思うから毎日続けたよ」

　お兄さんに教えてもらったランニングアプリは、友だち登録をしたユーザーの活動内容が通知されるしくみになっています。

Running App　　　　　　　　　　　6:32

友だちが運動を開始しました

72

「いろいろな機能の組み合わせが、やる気を起こさせている気がするよ」

「そうだね、機能を個別に観察するのではなくて、アプリ全体でどんなユーザー体験を提供しているのか、観察してみるといいよ」

　ユーザー体験とは、プロダクトの利用を通じてユーザーが得る体験や感情のことです。

「ランニングアプリを参考にして、暗記帳アプリでどういうユーザー体験を提供したいのか、ストーリーボードにまとめてみてはどうかな」

　ストーリーボードとは、理想的なユーザー体験を時系列で可視化する方法です。「ユーザーが抱える問題」「その問題を解決するプロセス」「問題が解決された結果」を順番に漫画のように描いていきます。

**ストーリーボードのフォーマット例**

お兄さんはスマホで検索して見つけたサンプルを見せながら、路上でたかし君にストーリーボードの書き方を説明しました。

「ありがとう。さっそくストーリーボードを書いてみるよ」

たかし君は、ランニングするために家を出たのを忘れて、部屋に戻って机に向かったのでした。

たかし君はお兄さんのアドバイスにしたがって、実現したいユーザー体験をストーリーボードとして具体化してみることにしました。

たかし君はストーリーボードを書いてみて、勉強もダイエットも「続けないといけないとわかっていても続けられない」という点は同じだと、あらためて気がつきました。さらにたかし君は、ダイエットやフィットネスのアプリをいろいろとダウンロードし、くわしく調査してみました。その結果、いくつかの共通する特徴があることがわかりました。

- 日々の体重や運動量（運動時間や走った距離）がグラフで表示される
- 体重や運動量の目標設定ができる
- プッシュ通知でリマインドされる
- 友だちとアプリ上でつながり、友だちの活動状況を知ることができる

こうした機能は、

- これまでの努力を無駄にしたくない
- 目標に近づきたい
- 友だちに負けたくない

といった人間の心理を刺激することで、努力を継続させる意図があるようです。

　**「うん、こういう体験を暗記帳アプリで実現できたら毎日使って**

もらえそうなアプリになりそうだ」

　ストーリーボードに描いたユーザー体験を実現するために、たかし君は次の機能を追加することにしました。

- 暗記帳をもとに４択クイズを出題する機能
- 友だち登録をしたユーザー間でクイズ回答スコアを集計し、ランキング表示する機能
- 友だちの学習完了を通知する機能
- 友だち登録をしたユーザーの学習状況が時系列でわかる機能
- 学習時間を記録してグラフ化する機能

「これはなかなかたいへんな開発になりそうだ。夏休みいっぱいかかってしまうかもしれない」

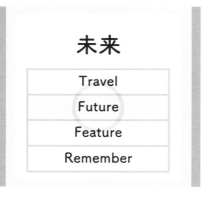

クイズ

暗記帳のデータをもとに選択式のクイズを出題する。正解すると暗記カードは覚えたことになる

## 17:00

7月21日 火曜日

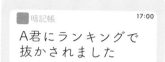

> 暗記帳　　　　　　　17:00
> A君にランキングで
> 抜かされました

### プッシュ通知

自分のクイズスコアより高得点を
取得したユーザーが通知される。
また、学習時間や新しいコンテンツ
（暗記帳）をお知らせしてくれる

## 英語 A part1

| 1 | | たかし君 | 100点 |
|---|---|---|---|
| 2 | | Bさん | 90点 |
| 3 | | A君 | 65点 |
| 4 | | C君 | 32点 |

### スコアランキング機能

友だち登録をしたユーザー間でクイ
ズのスコアを集計し、ランキング表
示する機能

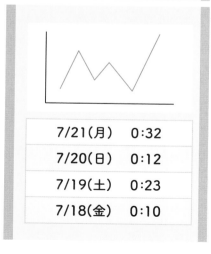

| 7/21(月) | 0:32 |
|---|---|
| 7/20(日) | 0:12 |
| 7/19(土) | 0:23 |
| 7/18(金) | 0:10 |

### 学習時間のグラフ化

暗記帳で勉強していた時間を
一日ごとに集計してグラフ表示する

タイムライン

友だち登録をしたユーザーの
学習状況を時系列で確認できる

 同じ目的のプロダクトからヒント
を得る

　たかし君は、ダイエットやフィットネスといった、学習とはまった
く別のカテゴリのアプリを参考にして、暗記帳アプリの改善アイデア
を考えました。暗記帳アプリの目的は「知識を身につけること」で、
ダイエットアプリの目的は「減量すること」です。一見まったく異な
る目的をもったアプリに見えますが、「継続が難しい努力の習慣化を
助ける」という観点では同種のアプリだと考えることができます。
　このように、ユーザーがアプリを使う目的を抽象化して捉えなおす
ことで、まったく別カテゴリのアプリのベストプラクティスを参考に
することができるのです。

|  | 暗記帳アプリ<br>（改善版） |  | フィットネス<br>アプリ |
|---|---|---|---|
| 具体 | 英単語などを<br>覚える | ≠<br>相違 | 運動した結果<br>を記録する |
| 抽象 | 努力（勉強）<br>の継続支援 | ≒<br>類似 | 努力（運動）<br>の継続支援 |

　利用目的の抽象化は、競合プロダクトの特定にも役立ちます。たとえば、メッセージアプリや漫画アプリ、SNSアプリは、学習アプリとはユーザーが利用する目的や機能はまったく異なり、一見すると競合関係にはないように見えます。

　では、それぞれのアプリの利用目的を「スキマ時間を有効活用すること」ととらえるとどうでしょう。どのアプリも、「ユーザーの可処分時間を奪い合う」という観点では競合プロダクトになります。

　作り手の視点ではなく、ユーザーの視点でプロダクトの利用目的を捉え直しましょう。

|  | チャット<br>アプリ | 漫画<br>アプリ | SNS<br>アプリ |
|---|---|---|---|
| 具体 | 家族や友だちと<br>コミュニケー<br>ションする | 漫画を読んで<br>楽しむ | 自分の近況を投稿<br>する、知り合いの<br>近況を確認する |
| 抽象 | スキマ時間を有効活用する<br>暇をつぶす |  |  |

# 新機能を公開！

　　ユーザー体験の刷新を目指した、暗記帳アプリの新機能が一通り完成したのは夏休みの最後の日でした。たかし君は新学期早々に新バージョンを公開。それから2カ月が立ち、暗記帳アプリのアクティブユーザーの推移は次のような結果になりました。

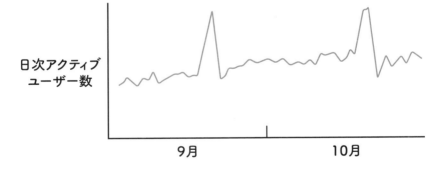

　　小テスト前に利用者数がピークになるという傾向に変わりはありませんが、それ以外の日でもアプリを使ってくれるユーザーが定着するようになりました。

　　「ゲームのような勉強アプリがほしい」といっていたA君も、新機能を気に入ってくれたようです。

「新しい暗記帳が公開されると、クイズで1位になりたくてがんばって覚えてるんだ。ゲームじゃないけどゲームみたいに楽しんでるよ！」

　クイズのスコアがランキング表示され、自分のスコアを抜かされると通知される、という機能が競争心を刺激して、ゲーム好きのA君にはぴったりだったようです。

「さぼってるとプッシュ通知が来るから、しかたなくアプリを開くんだよね。そうすると友だちの勉強履歴が目に入るから、自分もやらなきゃって思うんだよ」

「毎日の勉強時間がグラフになるのがいいね。勉強時間の目標をセットできたらもっとやる気になるかも」

　クラスメートの反応は上々です。フィットネスアプリを参考にした機能によって、テストの直前以外にも、毎日勉強をする習慣をつけることができたようです。

「アプリを使い続けてもらうには工夫が必要なんだな」

　便利な機能を増やすことだけではなく、使い続けてもらうための仕掛けづくりが必要なことを、たかし君は実感したのでした。

「お兄さん、フィットネスアプリを参考にした機能の追加で、毎日暗記帳アプリを使ってくれる人が増えたよ！」

「狙い通りだね！　これはすごいことだよ。どんなプロダクトでも毎日使うことを習慣化させるのはとても難しいんだ」

　たかし君のスマートフォンにも、アプリはたくさんインストールされています。毎日使っているものもあれば、インストールをしたことさえ忘れてしまったものもあります。

　今まで、アプリを使う側にいた時は意識したことがありませんでしたが、アプリを作る側の視点で見ると、使い続けられるアプリはさまざまな工夫をこらしていることがわかりました。

　これで「みんなに毎日使ってもらえるアプリを作りたい」というたかし君の当初の狙いは、おおよそ達成できたといえそうです。

「でも、もっとたくさんの人に使ってもらいたいな」

　たかし君はアプリの改善結果に手応えを感じながら、次の目標を考え始めました。

## 解説 エンゲージメントを獲得する

　ユーザーにプロダクトを継続して利用してもらうことを、「エンゲージメントを獲得する」といいます。

　ユーザーのスマートフォンには、すでにさまざまなアプリがインストールされています。1日のなかで、スマートフォンやPCを操作するのに割ける時間には上限があり、ユーザーの可処分時間は有限です。たかし君のプロダクトは、ユーザーの可処分時間を奪い合う競争を勝

ち抜いて、エンゲージメントを獲得しなければなりません。

　また、たかし君がBさんにヒアリングして気がついたように、たとえ自分のためになるとわかっていても、多くの人にとって地道な努力は続けにくいものです。将来自分のためになるとわかっていても、ついサボってしまいます。

　そのため、いかに使い勝手のいい便利なプロダクトであっても、使い続けてもらう工夫がないプロダクトは、エンゲージメントを獲得できないのです。

　ではエンゲージメントを獲得するには、どのような工夫が必要なのでしょうか。たかし君は、「アプリに通知して、勉強することを思い出させる」工夫や、「勉強時間を可視化したり、友だちと競争させることでモチベーションを維持する」工夫をしました。

　こうしたプロダクトの利用を習慣化させる仕掛けは、HOOKモデルを参考に考えるといいでしょう。

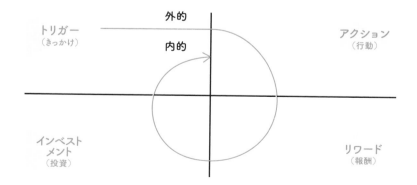

　HOOKモデルは、プロダクトがユーザーの習慣を形成するプロセスを4段階でモデル化したものです。適切なタイミングでリマインド

することで「プロダクトを使うきっかけ（トリガー）」を作り、ユーザーに「行動（アクション）」を促し、さらに行動に対して「報酬（リワード）」を与えます。その後、次のトリガーが発動するための「種まきとなる行動（インベストメント）」を取るようにユーザーに促します。

　この一連のサイクルを、たかし君の暗記帳アプリに当てはめると次のようになります。

1　学習時間を知らせるプッシュ通知をきっかけにアプリを起動する（トリガー）

2　暗記帳で学習する（アクション）

3　学習時間数が更新され、今日も継続して勉強したという満足感を得る（リワード）

4　学習した暗記帳のクイズに回答してスコアを獲得する（インベストメント）

5　別のユーザーからクイズの回答スコアの順位が抜かれたことをプッシュ通知で知り、アプリを起動する（トリガー）

　こうしたサイクルを繰り返すことで、ユーザーの日々の生活のなかにプロダクトの利用習慣が定着するのです。

## 解説　ゲーミフィケーション

　ゲームの要素やしくみをゲーム以外のプロダクトに取り入れて、

ユーザーに動機や報酬を与えることを「ゲーミフィケーション」とい
います。

　ゲーミフィケーションに対するよくある勘違いは、プロダクトをシ
ューティングゲームやRPGを模した、ゲームそのものにすることだ
と考えることです。

　たとえば、たかし君がA君の要望を受けて描いた以下のイメージは、
ゲーミフィケーションの勘違いの典型例です。

　ゲーミフィケーションとは、ゲームの特徴的な要素を、ゲーム以外
のプロダクトに取り入れることを意味します。

　ゲームの要素やしくみ（ゲームメカニズム）の代表的なものとして
「PBL」と呼ばれるものがあります。

| 要素 | 説明 |
|---|---|
| ポイント<br>Point | ユーザーの望ましい行動結果を数値化して表現する |
| バッジ<br>Badge | 特定の条件を達成したユーザーにバッジを付与し、人間の収集癖を刺激する |
| リーダーボード<br>Leader Board | ユーザーが取得したポイントなどをランキング表示し、他のユーザーとの優劣を決める |

　PBL は Point、Badge、Leader Board の頭文字を取ったものです。たかし君の暗記帳アプリの例でいえば、学習時間のグラフ化はポイントの一種だといえます。また、クイズのスコアランキングは、リーダーボードそのものです。

# 第5章

# もっと多くの人に知ってもらおう

## ～プロダクトの認知を獲得する

# 他のアプリにない「独自の価値」は？

　機能追加によってたかし君の暗記帳アプリは、テスト直前にしか使われないアプリから、日常的に使われるアプリへと進化を遂げました。ただ、相変わらず学校の外に利用者が広がる様子はありません。

**「僕の学校だけじゃなくて、他の学校でも使ってほしいな。高校生にとっても便利なアプリだと思うし、資格を取るために勉強している社会人にとっても役に立つはずだ。もっといろいろな人に使ってもらえるアプリにしたい」**

　より多くの人に使ってもらいたい。でも、どうやってアプリを世の中に広めていけばいいのか、皆目検討がつきません。過去に試みた、小学校時代の同級生を通じて広めてもらう、という作戦はうまくいきませんでした。そこで例によって、お兄さんに相談することにしました。

「このアプリ、うちの学校だけじゃなくてもっといろいろな人に使われるような人気アプリになるかな」

「うん、その可能性は大いにあるよ。とても完成度の高いアプリだと思う」

お兄さんはソフトウェアプロダクトを作るプロフェッショナルです。そんなお兄さんに可能性を認めてもらえて、たかし君は有頂天になりました。

「でもね、便利なアプリや完成度の高いアプリが必ずしもヒットするわけではないんだよ。たかし君、競合プロダクトは調査したかい？」

「競合プロダクト？」

「うん、たかし君のアプリのライバルになりそうなアプリのことだよ。同じようなアプリは他にもないかな？」

　たかし君は自分のアイデアを実現するのに夢中で、競合プロダクトの存在を考えたことがありませんでした。「暗記帳」というキーワードでスマホのアプリストアを検索してみたところ、暗記のためのアプリがたくさん出てくるではありませんか。

| 暗記帳 アプリ | |  |
| --- | --- | --- |

自分で作れる暗記帳
★★★★☆

自分だけの英単語帳
★★★★☆

暗記カード
★★★★☆

かんたん暗記帳
★★★☆☆

忘れない暗記アプリ
★★☆☆☆

暗記王
★★☆☆☆

 「うわ、こんなにたくさんある……」

　たかし君は類似アプリがたくさんあることを知って愕然としました。いくらたかし君のアプリがよくできていても、似たようなアプリが他にも存在するのであればヒットは難しいでしょう。

**「世の中にはすでに同じようなアプリがたくさんある。ちょっと友だちに好評だったからって調子に乗ってしまったのかもしれない」**

たかし君は自分が井の中の蛙だったように感じて、恥ずかしくなりました。

 「ちょっと待って、たかし君。そんなに落ち込むことはないよ」

　目の前で落胆するたかし君を見て、お兄さんは慌ててフォローします。

「たしかに似ているアプリはあるけど、他のアプリと差別化できる要素はないかな？　たかし君のアプリだけで解決できる問題がないか確認してみよう」

　アプリストアの検索結果を一見しただけではわかりませんが、個別にくわしく比較すれば、たかし君のアプリ独自の要素が見つかるかもしれません。

「たかし君のアプリだけが提供できる価値を、バリュープロポジションというんだ。他のアプリにない、独自の提供価値を探してごらんよ」

「僕のアプリだけが提供できる価値か。たしかに同じ分野のアプリは多いけど、くわしく見てみれば僕のアプリ独自の部分が見つかるかもしれない。全部ダウンロードして調べてみるよ」

　たかし君は、他の人が開発した暗記帳アプリをダウンロードして、機能を調べてみることにしました。すると、共通点や相違点がいくつか見えてきました。

　「暗記帳を自分で作れる」という機能はどのアプリも共通ですが、独特の機能をもったものがいくつかありました。たとえば「一度覚えた単語を、忘れたころにもう一度出題して記憶の定着を支援する」という人間の記憶の忘却曲線に基づく復習機能を売りにしたアプリがありました。これはたかし君のアプリにはない魅力的な機能です。

　一方で、たかし君の暗記帳アプリならではの機能もありました。

暗記帳を作って友だちと共有する機能やクイズのスコアを友だちと競える機能は、たかし君のアプリ独自のものでした。どうやら「友だちといっしょに勉強する」というコンセプトのアプリは存在しないようです。

　多くの競合アプリの存在を知って自信をなくしかけていたたかし君ですが、競合アプリをくわしく調べたことで、自分のアプリのユニークな特徴を認識することができ、自信が蘇ってきました。

**「これなら独自のアイデアがあるアプリだといえるかもしれない」**

　たかし君が勉強を習慣化するために作った機能は、学習アプリとしてはユニークなアイデアであるといえそうです。特に競合アプリの存在を意識せず、目の前のユーザーが抱える問題を解決しようとして考えた機能ですが、結果的にアプリに独自性をもたらすことになりました。

## 解説　バリュープロポジション

　ユーザーが求める価値のうち、自社が提供可能で、かつ競合が提供不可能な価値を「バリュープロポジション」と呼びます。

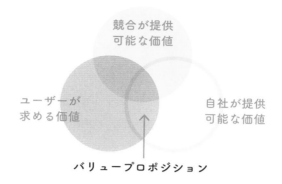

バリュープロポジション

　バリュープロポジションはユーザーがあなたのプロダクトを選ぶ理由ですから、プロダクトには必ずバリュープロポジションが存在しなければなりません。

　たかし君の暗記帳アプリは、「友だちといっしょに使うことで学習を習慣化できること」が他の暗記アプリにない独自の価値提案、バリュープロポジションになります。

　なお、たかし君は他の暗記帳アプリとの比較をおこないましたが、本来であれば狭い製品カテゴリ内でバリュープロポジションを考えるべきではありません。暗記帳アプリに限らず、学習アプリ全般や、さらにITプロダクトに限らず学習に関するサービス全般を視野に入れて、バリュープロポジションを考えるべきです。なぜならユーザーから見れば、自分の問題を解決してくれるものであれば、ソフトウェアプロダクトであろうとなかろうと関係がないからです。

　また競合プロダクトの調査とバリュープロポジションの明確化については、プロダクト実装前の企画段階で実施しておくのがいいでしょう。

# みんなにアプリを
# 知ってもらいたい

　暗記帳アプリのバリュープロポジションを確認したたかし君は、あらためてお兄さんに相談することにしました。

「他のアプリといろいろ比較してみたんだけど、『友だちと協力したり競い合いながら勉強できる』っていうのは独自性があると思うんだ。どうかな」

「うん、勉強アプリなのに友だちとつながれるソーシャルネットワークのようなしくみを備えていて、とてもユニークだと思う。クラスの友だちに限らず、勉強をしなければならないさまざまな人たちに使われる可能性があると思うよ」

「でもどうすれば使ってくれる人を増やせるのか、全然わからないんだ」

　じつは密かに自分のアプリに自信があったたかし君は、口コミでアプリの噂が広まっていくのではないかと期待していたのです。ところが実際は、学校の壁を超えて利用者が増えていく様子はありません。たかし君は以前、小学校時代の同級生を通じて他の中学に広める作戦が失敗したことを思い出し、再び弱気になりました。

「たかし君、いいアプリだったら自然とユーザーが増えるだろうと期待するのはまちがいだよ。もちろん自然発生的に口コミで広がるケースはあるけど、それは例外だと考えたほうがいい」

「じゃあどうすれば……」

「別の言い方をすると、ユーザーが増えないのはプロダクトのできが悪いからじゃないんだ。プロダクトを知ってもらう機会、使ってもらう機会を作っていないだけなんだよ」

　たかし君はアプリを作ることは一生懸命に考えてきましたが、アプリを知ってもらう機会、使ってもらう機会を作るということはあまり意識していませんでした。いいアプリを作ってアプリストアに公開すれば、ユーザーが増えていくだろうと暗に期待していたのです。

　自分の甘さが恥ずかしくなりましたが、「ユーザーが増えないのはアプリのできが悪いからではない」というお兄さんの言葉に励まされる思いがしました。

「そうだ、中学生のなかで人気のあるYouTuberにアプリを紹介してもらうのはどうかな」

「人気YouTuberとのコラボはおもしろいアイデアだけど、そうしたインフルエンサーがたかし君のアプリを紹介するメリットは何かあるかな？」

　たしかに人気YouTuberにツテがあるわけではないですし、たかし君のアプリを紹介することで動画の視聴者数が伸びるかとい

うと、そんなストーリーも思いつきません。きっと人気YouTuberには商品を紹介してほしいというオファーが殺到しているでしょうし、たかし君のアプリを無料で紹介してくれる望みは薄いでしょう。

「まずアプリを紹介するホームページを作ってみたらどうかな。たかし君も、何か困ったことがあったらまずインターネットを検索するだろう？　同じように勉強で困っている人が検索したときに、たかし君のアプリを見つけられるようにしよう」

　たかし君の暗記帳アプリはアプリストア内にプロダクトページ（アプリ紹介のページ）があるだけで、インターネットを検索した人がたどり着きやすいようなWebサイトがありません。たかし君はアプリの機能開発の手を止めて、アプリを紹介するWebサイトを作ることにしました。

# アプリの
# Webサイトを作る

　暗記帳アプリのWebサイトを作ったたかし君は、さっそくお兄さんに見てもらうことにしました。

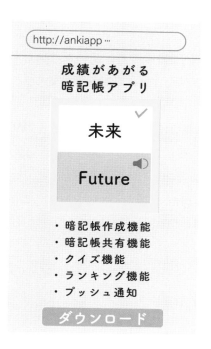

「Webサイトを作ってみたんだけど、どうかな」

「成績が上がるっていうのはすごくキャッチーで興味を引くね。でもどうして成績が上がるの？」

「どうしてっていわれると困るけど、実際に僕の学校でみんながこのアプリを使うようになって、小テストの平均点があがったんだ」

「それはすごいことだよね。でもその事実は Web サイトに書かれているかい？『このアプリを使えば成績が上がる』というたかし君の主張を、サイト訪問者が『信じられる理由』をちゃんと書いておいたほうがいい」

　たしかになぜ成績が上がるのか、本当に成績があがるのか、Web サイトに記載した情報だけではわかりません。

「機能一覧が書いてあるけど、これだけだとたかし君のアプリのバリュープロポジションは伝わりにくいな」

「でも機能の説明はちゃんと書いたし、これでどういうアプリかわかってもらえるんじゃないかな」

「機能仕様の説明だけでは、作り手が考えるほどプロダクトの利用価値は伝わらないものだよ」

　たかし君はどうもピンと来ていないようです。作り手の視点ではなく、サイト訪問者の視点で Web サイトのメッセージを考える必要があること、作り手の意図は思った以上に伝わりにくいことをお兄さんはたかし君に繰り返し説明します。

「機能仕様ではなくて、ユーザー視点でアプリを利用するメリットを書くこと。たとえば、実際にアプリを使ったユーザーの声を載せてはどうかな。成績が上がる、という主張を裏付けるような

内容がいいね」

　サイト訪問者の興味や関心は引けるものの、実際に使ってみたいと思わせるような内容になっていない、というのがお兄さんの指摘の趣旨のようです。

　たかし君はお兄さんのアドバイスをもとに、Web サイトを作り直してみました。

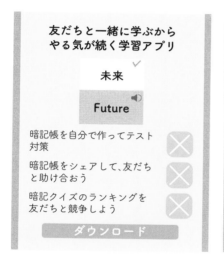
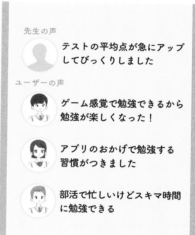

## 解説　機能仕様と利用価値

　プロダクトの Web サイトは、「機能仕様が正確に書かれている」というだけでは不十分です。機能の一覧や仕様の説明だけでは、ユーザーがプロダクトを利用したときの便益（ベネフィット）やバリュープロポジションは伝わらないのです。Web サイトにはそれぞれの機能

がユーザーにとってどのような価値があるのか、サイト訪問者に伝わる表現で記載する必要があります。

| 機能 | 利用価値 |
|---|---|
| 暗記帳を自分で作成できる | 学校のテスト対策用に教材を作れる |
| 他のユーザーに暗記帳を共有できる | 友だちと助け合いながら勉強できる |
| クイズのスコアがランキング表示される | 競争心を刺激されることで勉強が楽しくなる |

　マーケティングコミュニケーションにおいては、「What to say（何を伝えるか）」に加えて、「How to say（どうやって伝えるか）」が重要です。
　プロダクトを紹介する Web サイトの What to say は、プロダクトのバリュープロポジションです。サイト訪問者にバリュープロポジションを直感的に理解してもらうにはどのような表現がいいのか、How to say をプロダクトの機能と同じくらい真剣に考える必要があります。

## 解説 AIDA

　「AIDA」という、1930 年代に考案されたマーケティングの古典的フレームワークがあります。

- Attention（注意）
- Interest（興味）
- Desire（欲求）
- Action（行動）

の頭文字をとったもので、消費者が購買に至るまでのプロセスをモデル化したものです。

テレビ広告で商品の存在を知って「なんだかよさそうだ」と興味を持つ、商品の便益を知り「この商品がほしい」と思う、店頭に足を運んで購入する、といった、消費者心理や行動の変化をイメージしてください。

プロダクトの価値を伝える Web サイトや広告の内容を考える際は、この AIDA の各ステップを意識するといいでしょう。

たかし君が最初に作った Web サイトの「成績が上がる暗記帳アプリ」というキャッチコピーは目を引きます。Attention（注意）と Interest（興味）を獲得できるものといってもよいでしょう。

ただし、「成績が上がる」という主張を閲覧者が信じる理由（Reason To Believe）がサイト上に記載されていないため、使ってみたい／試してみたいと思わせることができていません。つまり Desire（欲求）を喚起し、「アプリをダウンロードする」という Action（行動）まで導くことができていないのです。

# 自ら情報を発信しよう

　たかし君は、お兄さんのアドバイスをもとに Web サイトを公開しました。アクセス解析用のコードもセットして、Web サイトの訪問者数やページビューをトラッキングできるようにしました。

 「サイトを公開したけど、だれにもアクセスされてないみたいだ」

 「Web サイトを公開したからといってすぐにアクセスされるわけではないよ」

 「でも、良いプロダクトを作っただけじゃ広まらないってお兄さんがいうから Web サイトを作ったのに、じゃあどうすればいいのさ」

 「まあ、落ち着いて。地道に知ってもらう努力をしよう。SNS でフォロワーが多い友だちにシェアしてもらうのはどうかな」

　有名なインフルエンサーは無理かもしれませんが、友だちなら Web サイトを SNS でシェアしてくれそうです。

 「B さんは SNS にハマっているから頼んでみるよ」

Bさん以外にもSNSが好きなクラスメートはたくさんいます。たかし君は暗記帳アプリを熱心に使ってくれているクラスメートに協力をお願いすることにしました。

「たかし君もSNSでもっと情報発信してみたらどうかな。アプリの機能追加を告知したり、ユーザーに人気の暗記帳を紹介したり、いくらでも発信するネタはあるはずだよ。友だちに頼るだけじゃなくて、たかし君自身が発信力を高めていくことも必要だよ」

　お兄さんにそういわれて、たかし君はずいぶん昔にアカウントを作っただけでほとんど使っていないTwitterを再開してみようと思いました。

「そうだね、自分でもTwitterでアプリの情報を発信してみるよ」

「ぜひチャレンジしてみよう。暗記帳アプリに興味を持ちそうな人をフォローして、交流してみるのもいいと思うよ」

「うん、Twitterで知らない人に話しかける、なんてちょっと抵抗があるけど、アプリを広めるためにがんばってみるよ」

 プロダクトを知ってもらおう

　あなたが作らなければならないのは、プロダクトだけではありません。作ったプロダクトを知ってもらい、使ってもらう機会を作る必要があるのです。「良いプロダクトを作れば自然とユーザーが増える」

というのは幻想なのです。

　プロダクトの認知を獲得する手段は、お金を出して広告を出す以外
にもたくさんあります。Facebook や Twitter などの SNS で友だちが
たまたまシェアしていた記事で商品の存在を知って購入した、という
経験はないでしょうか。最近あなたが使い始めたアプリを知ったきっ
かけを思い出してみてください。必ずしもきっかけは広告ばかりでは
ないはずです。

　広告以外にプロダクトを知ってもらう機会の作り方としては、以下
のような方法があります。

| | |
|---|---|
| SNS の活用 | Twitter や Facebook ページなどでプロダクトの情報を発信したり、ユーザー候補と交流する |
| SEO による検索流入 | インターネット検索エンジン経由でプロダクトの Web サイトやブログに訪問するようにする |
| メディア掲載 | ニュースサイトや読者の多いブログサイトに取材記事を掲載してもらう |
| ユーザーによる招待 | プロダクトの熱心なファン（ロイヤルルーザー）に、身近な友だちへプロダクトを紹介してもらう |
| 関連イベントへの参加 | ターゲットユーザーが参加しそうなイベントに参加し、プロダクトを紹介するプレゼンをさせてもらう |

　メディア掲載やユーザーによる友だち招待は、自然発生的にはおこ
なわれません。ツテをたどってメディアの記者やブロガーを紹介して
もらったり、限定アイテムや限定コンテンツがもらえるユーザー向け
キャンペーンを展開するなど、自分から能動的に働きかける必要があ
ります。

# アプリのダウンロード を増やす

　Webサイト経由でアプリをダウンロードしてくれる人が、少しずつではありますが増えてきました。検索エンジンやたかし君のツイート経由でWebサイトにたどり着いているようです。

「お兄さんのアドバイス通りにWebサイトを作ってよかったよ」

「サイトの訪問者が増えてきたね。ちょっとファネル分析をしてみようか」

　ファネル分析とは、ユーザーの離脱原因を分析する手法です。
　ファネル（funnel）とは日本語で「漏斗（じょうご）」という意味です。段階的にユーザーが絞り込まれていく様子が逆三角形をした漏斗に似ているため、そのように呼ばれています。
　またWebサイトにおける最終的な成果は、コンバージョンといいます。

「アプリの初回起動をWebサイトのコンバージョンと考えて、ファネルを可視化してみよう。たかし君、まずはWebサイト訪問からアプリ起動までのステップを分解してみてくれるかな」

「うん、わかった。アプリをダウンロードして起動するまでの流

れを分解すればいいんだね」

たかし君は Web サイトのファネルを次のように分解しました。

Webサイト訪問

ダウンロードボタンクリック

アプリストア内のプロダクトページ表示

ダウンロード完了

アプリ初回起動

「それじゃあこのステップを使って、Web サイトやアプリストア
のアクセス解析ツールのデータをもとに、ファネル分析をしてみ
よう」

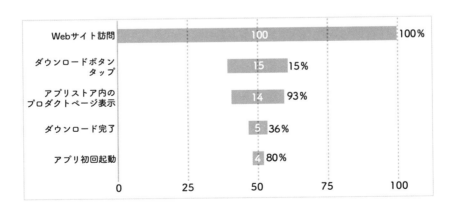

「Webサイトからのダウンロードボタンタップ率は15％か。これは悪くない数字だね。一方、せっかくアプリストアまでたどり着いているのにダウンロードしてくれない人の割合がやや高いかもしれない」

「うーん、なんでだろう」

　たかし君は、自分がアプリストアでダウンロードをやめてしまう時の心理を思い返してみました。そういえば、アプリのレビュー数が少ないと品質が不安になってダウンロードをやめることがあります。代わりに、他の評価が高い類似アプリを探すのです。

「もしかしたら、アプリのレビュー数が少ないことが原因かもしれない」

　たかし君のアプリは、レビューの評点は悪くないのですが、数が数件しかありません。

「なるほど、それは原因の1つとしてありえそうだね」

　たかし君はアプリを少し改修して、継続的に利用してくれているユーザーに、アプリのレビューを依頼するダイアログを表示するようにしてみました。アプリを使い続けてくれるユーザーなら、好意的なレビューを書いてくれると期待できます。

暗記帳アプリのレビューを
書きませんか？

このアプリが気にいった理由を
アプリストアに投稿してください

また今度　　レビューを書く

レビュー投稿を促す

アプリを継続的に利用してくれて
いるユーザーに、アプリストアで
レビュー投稿を依頼するポップ
アップを表示する

　その結果、アプリのレビュー件数が増加し、アプリストアのプ
ロダクトページ表示からダウンロード完了までの転換率がわずか
ですが改善しました。

「たかし君の仮説が当たっていたようだね」

「うん、ファネルの他のステップも、転換率を改善できないか考
えてみるよ」

「ユーザーのための機能追加も楽しいけど、ユーザーを増やすた
めの改善も数値で結果が見えるから楽しいな」

　たかし君は、また1つプロダクト開発の新しい楽しさを知った
のでした。

アプリのダウンロード数を増やすためにたかし君がおこなったのは、Webサイトの訪問者数を増やすことではなく、アプリのレビュー数を増やすことでした。ファネル分析の結果、アプリストアからダウンロードするところにボトルネックがあることが判明し、レビュー数の少なさがダウンロードをためらわせているという仮説を立てたからです。

そして、レビュー数が自然と増えるしくみをアプリに追加することで、広告などにコストをかけることなくダウンロード数を増やすことに成功しました。

このように、数値分析結果をもとにマーケティング課題を特定し、プロダクトに手を入れることで低コストで成長を実現する手法を、「グロースハック」といいます。

従来は、プロダクトを作る活動とプロダクトを広める活動は完全に分離していました。グロースハックにおいては、プロダクト開発とマーケティング活動の間に垣根はありません。

ネット広告を出稿し、Webサイトに集客することでもダウンロード数を増やせますが、コストがかかります。また、広告出稿を辞めた途端にダウンロード数はもとに戻ってしまいます。一方で、プロダクトそのものにユーザーを増やすしくみを内在させればコストはかかりませんし、持続的な効果を期待できます。

第 **6** 章

# 儲かるしくみを
# 作ろう

## ～エコノミクスを成立させる

# アプリでお金を稼ぐ

　　たかし君の地道な活動の結果、アプリを使い始めてくれる人が少しずつ増えてきました。ある時、高校受験をテーマにした人気ブログでアプリが紹介され、数日間にわたって新規ユーザーが急増する、という出来事がありました。似たような出来事が何度かあり、クラスの友だちだけがユーザーだった時と比べて、格段に利用者数が増えました。

「クラスメート以外のユーザーも少しずつ増えてきたよ。Twitterでアプリの感想をツイートしてくれる人もいるんだ」

　　たかし君は Twitter でエゴサーチして、暗記帳アプリの評判をチェックしているのです。

「それはうれしいね。僕も英語を勉強してる会社の同僚に勧めてみたんだけど、とても気に入って使ってるみたいだよ」

「本当に？　ありがとう！」

　　今やたかし君のアプリのユーザーは、中学生や高校生だけではありません。語学習得や資格取得を目指す社会人のユーザーも増えてきました。

「次はどんな機能追加を考えているの？」

「じつはサーバの負荷対策に時間を取られていて、機能追加まで手が回っていないんだ」

　ユーザーの増加に伴って暗記帳アプリを動かすためのサーバの負荷が増大しており、サーバの費用を抑えるための処理改善に時間を費やしていたのです。

「それなら、アプリ内に広告を表示して収益化にチャレンジしてみたらどうかな？」

「広告でお金を稼ぐっていうこと？　やってみたいけど、広告を表示するのはちょっと抵抗があるな」

　スキマ時間に勉強をしてもらうアプリなのに、広告によって集中を妨げたり、勉強を中断させてしまうのは避けたいと思ったのです。

「ユーザーの利便性を損なわないようなバランスをとる必要があるね。でもうまくやれば、毎月のサーバの費用ぐらいは稼げるかもしれないよ」

　当面はサーバ側の処理をチューニングすれば、ユーザー数の増加に耐えられそうです。ただ今のペースでユーザーが増えていくと、いずれはサーバ代がたかし君のお小遣いでまかなえる範囲を超えてしまうかもしれません。

「せっかくいいアプリを作ったのに、お金が理由でサービス提供を継続できなくなるのは、たかし君にとってもユーザーにとっても残念なことだろう？」

「うん、そのとおりだね。広告表示を試してみるよ」

　その後、お兄さんのアドバイスでアプリ内に広告を表示したことで、毎月2万円程度の広告収入が入るようになりました。また、広告を表示したことに対するユーザーの不満の声はほとんどありませんでした。収益性とユーザーの利便性は時としてトレードオフ関係（相容れない関係）になりますが、今回はたかし君にとってもユーザーにとっても、不満のない結果になったようです。

　たかし君は広告収益でサーバ代をまかなえるようになって安心したとともに、自分のアプリでお金が稼げたことをとてもうれしく感じました。

# ユーザーを
# もっと増やしたい！

　サーバの負荷を気にしなくてもよくなったたかし君は、さらに
ユーザーを増やす方策を考えはじめました。

**「僕も広告を出してユーザーを増やせないだろうか」**

　広告収益を使い、たかし君自身が暗記帳アプリを宣伝する広告
を出稿することでアプリのユーザーをさらに増やせないかと考え
たのです。ユーザーが増えればさらにアプリの収益は伸び、さら
にユーザー獲得のための広告に投資できます。うまくいけば、雪
だるま式にユーザーが増えていくかもしれません。

　でも本当にそんなにうまくいくのでしょうか。たかし君はお兄
さんに相談することにしました。

**「アプリのユーザーを増やすために広告を出してみたいんだけど、
うまくいくかな」**

**「アプリの広告売上を使って、さらにユーザー数を増やす狙いだ
ね。うまくいくかちょっと計算してみよう。今現在のアクティブ
ユーザー数や月間の離脱率を教えてくれるかい？」**

　月間の離脱率は、アクティブユーザーのうち翌月利用しなくな

ってしまうユーザーの割合です。たかし君はお兄さんに手伝って
もらいながら、暗記帳アプリの指標をいくつか算出しました。

| | |
|---|---|
| アクティブユーザー数 | 8,000 ／月 |
| 新規ユーザー獲得数 | 2,500 ／月 |
| 離脱率（月間） | 30% |
| 広告売上 | ¥20,000 ／月 |

「離脱率が 30％だから、平均顧客寿命は 3.3 カ月だね。アクティ
ブユーザーあたりの毎月の売上が ¥20,000 ÷ 8,000 ＝ ¥2.5 だから、
LTV は ¥8.25 だ」

「平均顧客寿命？　LTV？」

「平均顧客寿命は『1 人のユーザーがアプリを使い続ける平均的
な期間』で、離脱率の逆数で求められる。LTV は Life Time Value
といって、『1 人のユーザーがもたらす収益』のことだよ」

　たかし君のアプリの平均顧客寿命は 3.3 カ月、ユーザー 1 人あ
たりの広告売上は ¥2.5 ですから、

LTV=3.3 カ月 × ¥2.5 ＝¥8.25

になります。

「広告を出稿して、アプリをダウンロードしてもらうためのコストはアプリのカテゴリによっても違う。でも少なくともダウンロード1回あたり¥100ぐらいはかかるかな。つまり、1000人の新しいユーザーを広告で獲得するには10万円ぐらい必要だよ」

「そんなにかかるんだ……」

「1ユーザーを獲得するためのコストが¥100で、1ユーザーのもたらす収益、つまりLTVが¥8.25だから、今は赤字の状態だね」

　¥100のコストでユーザーを1人増やしても、そのユーザーから¥8.25の収益しか得られないのですから、収支は差し引き¥91.75のマイナスで経済性（エコノミクス）が成立していません。

　広告売上を新規ユーザー獲得へ再投資してさらに広告売上を増やす、というもくろみは崩れ去り、たかし君は自分の見通しが甘かったことに気が付きました。

## 解説 エコノミクス（経済性）

　プロダクトのエコノミクス（経済性）に関する指標がいくつか出てきましたので、あらためて整理してみましょう。

| 指標名 | 略称 |
|---|---|
| 離脱率<br>Churn Rate | - |
| 平均顧客寿命<br>Average Customer Lifetime | ACL |
| 顧客一人あたりの売上<br>Average Revenue Per User | ARPU |
| 顧客生涯価値<br>Customer Lifetime Value | LTV |
| 顧客獲得コスト<br>Customer Acquitision Cost | CAC |

ACL（平均顧客寿命）は離脱率から近似的に次のように求められます。

**ACL ＝ 1 ／離脱率**

LTV（顧客生涯価値）は、ACL と ARPU（顧客 1 人あたりの売上）から次のように求められます。

**LTV ＝ ACL × ARPU**

　なお、ユーザーにサービス提供するために仕入れが必要な場合は、LTV の計算に売上原価を考慮する必要があります。たとえば、「暗記帳アプリ内で英語学習教材のコンテンツを利用した暗記帳を有料販売する」というアプリ内課金モデルを採用した場合、版元に支払うライセンス料が売上原価として発生します。

　プロダクトによるビジネスが赤字にならず、継続的に成長を続けるためには、

## LTV ＞ CAC（顧客獲得コスト）

　の関係になっている必要があります。LTV ／ CAC を、「ユニットエコノミクス（顧客あたりの経済性：Unit Economics）」と呼びます。
　ユニットエコノミクスが 1 以上であれば、ユーザー獲得にコストをかけた分だけ収益が増えて、ビジネスが成長する可能性がある状態といえます。なお、一般的にユニットエコノミクスは、3 以上であることが健全であるといわれています。

　CAC は常に一定ではなく、なりゆきではユーザー獲得が進むにつれて悪化していきます。広告出稿量を増やした分だけ、同一単価でユーザーを獲得できるわけではありません。獲得規模を増やそうと思えば、ターゲット含有率が低い層までリーチを拡大する必要があるからです。

# エコノミクスを改善する

「このままだと厳しいけど、アプリの収益性やユーザーの獲得効率を改善することでエコノミクスを成立させることはできるかもしれないよ」

「収益性やユーザーの獲得効率の改善かぁ。他のアプリはどうやっているんだろう」

　たかし君は他の人が作ったアプリを使う際に、参考になりそうな機能がないかいつもチェックしています。ただ、ユーザー向けの便利な機能やユーザーインターフェースの使い勝手に注意が向いており、収益性やユーザー獲得効率という観点で観察したことがなかったのです。

「ちょっと試算してみようか。たとえばアプリ内の広告を増やしたり、アプリ内課金を追加することで売上を¥20,000から¥40,000に増やすことができたとしよう」

　たかし君は「勉強用のアプリだからあまり広告で気をそらしたくない」と考えて広告表示を控えめにしていたのですが、学習開始前後の画面に広告スペースを増やすことで、集中を妨げずに広告スペースを増やすことができそうです。さらに、広告を非表示

にする有料オプション（アプリ内課金）を組み合わせると、さらに収益性を改善できるかもしれません。

広告スペースの追加

クイズのスコアランキング画面など、学習が完了したあとのページに広告スペースを追加。
あわせて、広告を非表示にする有料プランを追加する

| 【改善前】 | 【改善後】 |
|---|---|
| 売上：¥20,000 ／月 | 売上：¥40,000 ／月 |
| 月次離脱率：30% | 月次離脱率：30% |
| 平均顧客寿命：3.3 カ月 | 平均顧客寿命：3.3 カ月 |
| 1 ユーザー当たりの月次売上：¥2.5 | 1 ユーザー当たりの月次売上：¥5 |
| LTV：¥8.25 | LTV：¥16.5 |

「LTV が ¥16.5 になったけど、これでもまだユーザー獲得コストの ¥100 とは大きな差があるね。では、ユーザーオンボーディングを強化して離脱率を 25% に改善できたとしよう」

初回利用ユーザーが、プロダクトの使い方や利用価値を理解で

きるようにする手助けを、ユーザーオンボーディングといいます。暗記帳アプリを一度起動しただけで使わなくなってしまうユーザーが相当数います。もし、使い方がわからずアプリの活用を諦めてしまっているのであれば、アプリを最初に起動したときの操作説明（チュートリアル）を充実させるなどの工夫をすることで、離脱率を改善できそうです。

チュートリアルを表示
ユーザーが初めてアプリを利用する
際に、アプリの使い方を画面上に
表示する

| 【改善前】 | 【改善後】 |
|---|---|
| 売上：¥20,000 ／月 | 売上：**¥40,000 ／月** |
| 月次離脱率：30% | 月次離脱率：**25%** |
| 平均顧客寿命：3.3 カ月 | 平均顧客寿命：**4 カ月** |
| 1 ユーザー当たりの月次売上：¥2.5 | 1 ユーザー当たりの月次売上：**¥5** |
| LTV：¥8.25 | LTV：**¥20** |

「LTV が ¥20 になったね。次はユーザー獲得コストを下げる方法を考えてみよう。何かいい方法は思いつくかな？」

「僕の暗記帳アプリは友だちといっしょに使えるアプリだから、友達にアプリを紹介しやすくすることでユーザーが増えるかもしれない」

　たかし君は、メッセージアプリやEメールで友達にアプリを紹介するメッセージを送れるようにすることで、既存ユーザーを通じて新規ユーザー獲得が進められると考えたのです。

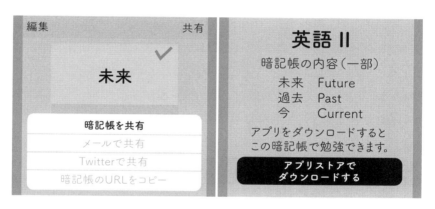

「いいね。『友だちを招待すると機能制限が解除される』といったインセンティブを作ると、より招待が促進されるかもしれない。では、獲得した新規ユーザーが平均4人の友だちを招待してくれるとしよう」

　1人が4人招待してくれれば、1人のユーザー獲得で5人ユーザーが増えるわけですから、ユーザー獲得コストは1／5の¥20になります。

　これで、改善後のLTVの¥20とユーザー獲得コストがちょうど等しくなりました。

| 【改善前】 | 【改善後】 |
| --- | --- |
| LTV：¥8.33 | LTV：¥20 |
| CAC：¥100 | CAC：¥20 |
| LTV < CAC | LTV = CAC |

　売上を倍にする、というのはなかなか難易度の高いチャレンジになりそうです。ただ、売上と離脱率の改善、ユーザーによる友だち招待の促進と次にやるべきことが明確になって、たかし君はわくわくしてきました。

「ありがとう！　1つずつトライしてみるよ」

「うん、この試算どおりになるかどうかわからないけど、1つ1つ指標を改善していこう。『離脱率』や『ユーザー1人あたりの友だち招待人数』などの重要KPIは、モニタリングできるようにしておくのを忘れないでね」

　以前、たかし君はアクティブユーザーを集計するためのログを記録するのを忘れてしまい、ユーザーの利用状況を正確に把握することができなかったのでした。

「そうだね。まずはKPIをいつも確認できるようにするよ」

「KPIが増えてきたから、ダッシュボードツールを使って可視化しておくといい。無料で使えるものもあるよ」

ダッシュボードツールは、データベースに接続してKPIを集計し可視化できるデータ分析ツールです。たかし君は機能開発を始める前に、ダッシュボードツールをセットアップして、毎日必ずチェックすることにしました。

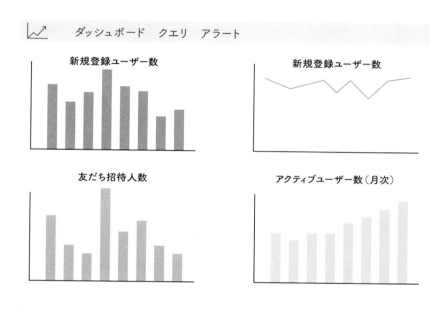

## 解説　AARRRモデル

　AARRRとは、ユーザーの行動段階を表す5つの英単語の頭文字をつなげたもので、プロダクトのグロース戦略（成長戦略）を考えるための定番フレームワークです。

| | 意味 | 暗記帳アプリでの指標例 |
|---|---|---|
| Acquisition ユーザー獲得 | プロダクトの存在を発見する | Web サイト訪問数 アプリ DL 数 |
| Activation 活性化 | ユーザーがプロダクトの操作 方法や価値を理解する | 暗記帳での学習開始数 |
| Retention 継続利用 | ユーザーが初回利用以降に 何度もプロダクトを利用する | WAU （週間利用者人数） |
| Referral 紹介 | プロダクトの利用を知人に 進めてくれている | 友だち招待件数 |
| Revenue 収益化 | 収益をもたらす | LTV 広告収入・有料プラン収入 |

　AARRR をこれまでのたかし君の取り組みに当てはめると、次のようになります。

- Acquisition：Web サイトを公開し、ファネル分析によってダウンロード数を改善
- Activation：アプリ起動後にチュートリアルを表示してユーザーオンボーディングを強化
- Retention：フィットネスアプリを参考にやる気が続くしくみを追加
- Referral：いっしょに勉強する友だちの招待を促進
- Revenue：広告表示箇所を増やし、広告を非表示にする有料オプションを追加

　5 つの段階のなかで、ボトルネックがどこにあるのか見極めましょう。いくら広告や SEO を強化して Web サイトへの集客を増やしても、プロダクト利用開始後の継続利用率が低ければ、穴の空いたバケツに

水を注ぎ続けるようなものです。

## 解説 コホート分析

　コホート分析は、時間経過に伴うユーザー行動の変化を分析する方法で、「Retention（離脱率、定着率）」の改善に役立ちます。

　次の表は、ある週に暗記帳アプリを利用し始めたユーザーのうち、翌週以降何%のユーザーが再びアプリを起動したか（定着率）を集計したもので、コホート分析の例です。定着率が大きいほど、セルの色が濃くなっています。

N週間後の利用率

| 初回利用 | アプリDL数 | 1週間後 | 2週間後 | 3週間後 | 4週間後 | 5週間後 | 6週間後 | 7週間後 | 8週間後 | 9週間後 |
|---|---|---|---|---|---|---|---|---|---|---|
| 7/1 | 109 | 37% | 35% | 33% | 24% | 21% | 15% | 12% | 8% | 5% |
| 7/8 | 137 | 36% | 31% | 19% | 18% | 12% | 6% | 3% | 2% | |
| 7/15 | 176 | 37% | 25% | 25% | 18% | 8% | 7% | 6% | | |
| 7/22 | 255 | 46% | 43% | 36% | 35% | 30% | 20% | | | |
| 7/29 | 153 | 37% | 32% | 25% | 23% | 14% | | | | |
| 8/5 | 143 | 37% | 33% | 28% | 25% | | | | | |
| 8/12 | 184 | 38% | 26% | 16% | | | | | | |
| 8/19 | 133 | 38% | 34% | | | | | | | |
| 8/26 | 175 | 36% | | | | | | | | |

　7月22日の週に利用開始したユーザーの1週間後定着率は前後の週よりも高くなっていますから、この週におこなった施策が、定着率にいい影響を与えた可能性があります。

　ただ、7月22日の週以降は定着率がもとに戻っているため、プロダクトの機能追加など、長期にわたってユーザー行動に影響を与える施

策によるものではなく、その週にスポットでおこなったマーケティング活動などの結果だと推測できます。

　たかし君はユーザーオンボーディングで定着率の改善をおこなう予定ですが、狙い通りにいけば、チュートリアル機能をリリースした週を境にコホート分析の表が変化するのを見て取れるはずです。

　なお、コホート分析は定着率の分析だけでなく、有料プランの入会率、友だちの招待率、などさまざまなユーザーアクション指標の分析に利用できます。

# アプリで起業？

　たかし君はエコノミクス改善のための追加機能を開発中です。友だち招待を促進する機能は、すでにリリースしました。まだまだ期待したレベルではありませんが、暗記帳アプリを友だちにおすすめしてくれるユーザーが以前より増えています。

　先日たかし君は、テレビ番組で16歳の少年のインタビューを見ました。なんとIT企業を立ち上げて、ベンチャーキャピタルから出資をうけたそうです。

**「高校生で起業だなんてすごいな」**

　16歳といえば、中学2年生のたかし君と2歳しか違いません。さほど年齢が変わらない高校生が仲間と起業して、会社を経営していることにたかし君は衝撃をうけました。インタビューによると、もともと個人で作っていたプロダクトを事業化したとのことです。

**「自分も起業して、暗記帳アプリを大きなビジネスにすることはできるだろうか」**

**「お兄さん、僕もあの人みたいに起業して、暗記帳アプリをビジ**

ネスにできるかな」

「もちろん、たかし君がその気になればきっとできるよ」

　お兄さんの言葉を聞いて、たかし君はにわかに気分が高揚してきました。

「でもね、会社でビジネスとしてプロダクトを提供するのであれば、今よりもっと売上を増やさなければいけないよ」

　広告収入で毎月のサーバ代をなんとかまかなえる、というレベルでは、会社としてオフィスを構えて従業員を雇うことはできません。

「たかし君、会社でビジネスとしてプロダクトを提供するうえで、考えなければならないことは何かわかるかい？」

　「ユーザーがほしがるものを作ること」と「エコノミクスを成立させること」。これ以外に、何かあるのでしょうか。

「たくさんお金を稼ぐことかな」

「そうだね。ある程度の経済的規模を目指す必要がある。そのためには、適切な市場を選ぶことが重要なんだ」

　たかし君は個人向けの教育アプリ市場でプロダクトを提供しています。はたしてこの市場で期待するだけの収益を得られるでしょうか。

「暗記帳アプリはあまり儲からない、ということ？」

「いや、そういうわけじゃないよ。ビジネスとして大きくするうえでは、市場の選択をシビアにおこなわないといけないんだ」

　LTV が ¥20 では、仮に毎月 1 万人ずつ新規ユーザーを獲得しても 20 万円の売上にしかなりません。個人の収入としては十分ですが、複数の社員を抱えるような事業規模には程遠い状況です。

「やっぱり、もっと儲かりそうなアプリを新しく作ったほうがいいのかな」

「まったく別のアプリを考える前に、今のアプリのビジネスモデルを変えることを考えてみてはどうかな。たとえばどういう人が、たかし君のプロダクトにお金を払ってくれるだろうか」

　広告表示とアプリ内課金以外に、売上を上げる方法はないのでしょうか。もしお金を払ってくれるとしたら、どういう人達なのでしょうか。

「じつは、学校の先生から暗記帳アプリをクラスで使えないか相談があったんだ」

　担任の先生から、生徒の学習管理に使えないかと相談されたのです。クラスの生徒がどれくらい暗記できているのか確認して、授業やテストに活かしたいとのことでした。

英語 II Chapter3

コンテンツ | **学習進捗**

生徒一覧

暗記帳一覧

テスト一覧

学習完了率 45% (13/30)

100%

70%

50%

45%

学習管理機能の画面イメージ
先生がクラスの生徒の学習進捗を管理できる

　これまで生徒向けの学習ツールの導入を検討したことはあったものの、「生徒がちゃんと使うのか」「学習効果があるのか」といった懸念があり、導入に踏み切れなかったそうです。たかし君のアプリを生徒たちが自主的に利用し、実際に成績が向上していることから、懸念が払拭されたようです。

「それはいい話だね。学校のオフィシャルな教育ツールとして採用されれば、生徒の人数に応じた月額使用料を請求する料金体系にできるかもしれない。そうすれば LTV は大きく改善するよ」

　仮に生徒1人あたりの利用料月額300円とすれば、1年間で3,600円です。中高の6年間で利用するのであれば、LTV は 21,600円になります。

　いい話ですが、本当に実現しようとすれば開発に相当の労力がかかりそうです。生徒の個人情報を扱うことになりますから、これまで以上にセキュリティに配慮した設計にする必要があります。

また、先生用の管理機能は PC ブラウザで使えるようにする必要があるでしょう。

 「僕にはまだ難しそうだけど、次の目標にしてがんばってみるよ」

　目標が明確になれば、あとは実現に向けて努力するだけです。たかし君はプログラミングの勉強にさらに力を入れるとともに、これまでユーザーとしては意識していなかった先生に一度ヒアリングしてみようと思いました。

## 解説　プロダクトマーケットフィット

　プロダクトを軸にした事業を成長させるためには、「ユニットエコノミクス（LTV ／ CAC）が 1 以上になっている（収支が赤字ではない）」というだけでは不十分です。顧客の数が十分多く、あなたが期待する収益を得られるような規模の市場を選択する必要があります。

　適切な市場においてユーザーが対価を支払うプロダクトを提供できており、成長への道筋が見えている状態を「プロダクトマーケットフィット」といいます。

　たかし君は「カスタマープロブレムフィット」、「プロブレムソリューションフィット」を経て、限定された金額ではありますが広告による収益化（マネタイズ）もできました。
　ですから、エコノミクスの改善後にチャレンジすべきはプロダクトマーケットフィットといっていいでしょう。

たかし君は、広告を中心としたビジネスモデルでは、事業として規模を拡大することは難しいと思いました。そこで考えたのが、先生向けの機能開発をおこない、有料提供することです。

　先生向けの機能についてはカスタマープロブレムフィットから仮説検証をおこなう必要がありますが、少なくとも一部の先生のニーズを確認できていますし、「生徒が主体的に使用すること」というたかし君の学校の先生が学習ツールに求める要件も満たしています。
　完全にゼロからプロダクトを企画し直すよりは、はるかに成功の確度が高いと言えるでしょう。

第 **7** 章

# プロダクト
# マネジメントを
# 始めよう!

# 良いプロダクトを
# 作るのに必要な知識は？

　スマホアプリのプログラミングを学んだたかし君は、「みんな
に使ってもらえるアプリを作る」というゴールを目指して、アプ
リ開発をスタート。

　お兄さんにアドバイスをもらいながらアプリの開発を進め、た
かし君が当初想像していた以上に、多くの人にアプリを使っても
らえるようになりました。

「アプリをみんなに使ってもらうには、プログラミング以外にも
いろいろなことを知らなければいけないんだな」

　たかし君は今回の経験を通じて、本当に多くのことを学んだ気
がしています。でもお兄さんと自分を比べると知識がまだまだ不
足しており、「良いプロダクトを作るための知識を深めていきた
い」と思っています。

　では、今後どんな分野の勉強をすればいいのでしょうか。

「たかし君がこれまでやってきたことは、プロダクトマネジメン
トっていうんだよ」

「プロダクトマネジメント？」

「そう。たかし君はプログラムを書くこと以外もたくさんのこと
をしてきたよね」

　たかし君は、これまで自分がやってきたことをお兄さんといっ
しょに振り返ってみました。

## ❶ ユーザーが抱える問題の仮説をたてる

　アプリのいいアイデアが思い浮かばず、クラスメートにヒアリ
ングするところからスタートしました。ヒアリング結果から「部
活が忙しくて勉強する時間がない」というクラスメートが抱える
問題を発見します。この問題の解決策として、スキマ時間にスマ
ホを使って勉強できる暗記帳アプリを考案。

　ペーパープロトタイプを作って再度ヒアリングをおこない、開
発に着手する前に仮説の検証をおこないました。

## ❷プロダクトを完成させ、ユーザーに使ってもらう

　アプリ開発に着手するものの、機能が多く開発が難航しそうで
した。そこで、思い切った優先度判断をおこない、機能を最小限
にすることで、アプリを早期に完成させました。

　アプリを公開して実際にクラスメートに使ってもらうことができ、
小テストの平均点が上がるという成果を得ることができました。

## ❸ユーザーの利用状況を分析する

　アプリは好評だったものの気がつけばまったく使われておらず、
当初ゴールとして設定した、「毎日使ってもらうアプリを作る」

という状態には程遠いことがわかりました。

アプリの利用状況を可視化し、再度ユーザーヒアリングをすることで「勉強を習慣化できないこと」が、ユーザーが抱える真の問題であることを明らかにしました。


## ❹エンゲージメントを獲得する

ダイエットアプリやフィットネスアプリなど、「続けにくい努力を継続する」という問題に取り組むプロダクトを参考に、暗記帳アプリの機能追加をおこないます。

勉強時間のリマインドや学習時間の可視化、そして友だちとの競争の要素を追加することで、アプリを使い続けるサイクルを構築しました。


## ❺プロダクトの認知を広める

競合アプリを調査しながら、プロダクトのバリュープロポジションを明らかにし、Web サイトを公開しました。友だちに SNS で暗記帳アプリを紹介してもらえるように協力をお願いしたり、自ら Twitter で情報発信をおこなうことで勉強に関心の高い人たちの目にとまるようにしました。

また、Web サイトのファネル分析をおこない、アプリのダウンロードを増やすためのグロースハックにもチャレンジしました。


## ❻エコノミクスを成立させる

アプリに広告を表示することでお金を稼ぎ、アプリを動かすために必要なサーバ代をまかなうことができるようになりました。

次のチャレンジとして、ユーザー獲得のために広告出稿を検討しています。収支がマイナスにならないよう、広告収入を増やしながらユーザー獲得効率を改善する予定です。

そして、より大きな売上成長を期待できる市場を検討するなかで、先生向けの成績管理機能の提供を次の目標にしました。

「プロダクトマネジメントを実践することで、『ユーザーに価値のあるプロダクトを提供すること』と、『持続的なビジネスを実現すること』を両立できるんだ」

こうして振り返ってみて、たかし君は自分がさまざまなチャレンジをしてきたことに驚きを感じました。お兄さんの手助けがなければ、自分1人でここまでたどり着くことはできなかったでしょう。

「プロダクトマネジメントって、本当にいろいろなことをやらなければならないんだね」

「そう、プロダクトを開発する技術的な知識だけではなく、ユーザー体験やビジネスについても知っている必要があるんだよ」

もともとプログラミングを学んでいたたかし君は、技術的な知識はある程度持っていましたが、「ユーザー体験」や「ビジネス」についての知識はほぼゼロで、今回の暗記帳アプリ開発を通じて初めて学びました。

プロダクトマネジメントに必要な知識をたくさん吸収して、もっと良いプロダクトを作れるようになりたい。たかし君はそう強く感じました。

「今回はお兄さんに助けてもらったけど、次は自分だけでプロダクトマネジメントを実践してみるよ」

「うん、楽しみにしているよ！」

 ## プロダクトマネジメントとは

　　プロダクトマネジメントを正しくおこなうためには、テクノロジーとユーザー体験、そしてビジネスの３つの領域の知識が必要だといわれています。

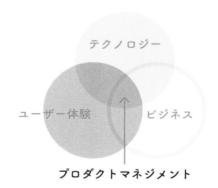

**プロダクトマネジメント**

　　ソフトウェアプロダクトを開発するために、テクノロジーの知識が必要なのはいうまでもないでしょう。また、ユーザーの抱える問題を見極めて、その問題をユーザーにとってもっともかんたんな方法で解決するには、いいユーザー体験を設計するための知識を身につけなければなりません。さらに、プロダクトの価値をより多くの人に届けて、プロダクトを作る人にとっての経済的価値を最大化するためには、ビ

ジネスの知識も必要です。

　使う人に喜んでもらい、作る人の狙いも達成できるプロダクトは、こうした幅広い知識を総動員することで、はじめて実現できるのです。

　両端にボールが乗ったシーソーを想像してください。左側は、「プロダクトを使うユーザーにとっての価値の大きさ」を表すボールです。右側は、「プロダクトを作る人にとっての価値の大きさ」を表すボールです。

　両者の大きさが等しくないと、バランスが崩れてボールは転がり落ちてしまいます。ボールが小さいままだと、世の中に大きな影響を与えられません。どちらか片一方のボールが大きくなりすぎてはいけませんし、ボールが小さい状態で均衡していてもいけないのです。

　プロダクトマネジメントとは、シーソーをバランスさせながら、2つのボールの大きさ（価値）を最大化させることにほかなりません。

ユーザーに
とっての価値

作り手に
とっての価値

# あとがき

　最後までお読みいただき、ありがとうございます。

　初めて本格的なプロダクト開発にチャレンジした「たかし君」の成長ストーリーはいかがでしたでしょうか。

　今やだれでもプログラムを書いて、ソフトウェアプロダクトを作れる時代です。たかし君のような中学生でも、PC1つあればスマホアプリやWebサービスを開発できますし、インターネットを通じて全世界に公開することも可能です。

　だれでもプロダクトを作り公開できる一方で、「良いプロダクト」を作ることは容易ではありません。良いプロダクトとは何でしょうか。この本をお読みいただいたみなさんにはおわかりでしょう。

「ユーザーの課題を解決したり、未充足の欲求を満たすこと」
「ビジネスとして成立し、提供者の目的を達成すること」

　この2つを同時に満たすプロダクトが「良いプロダクト」であり、良いプロダクトを作るために必要なのが、「プロダクトマネジメント」なのです。

　プロダクトマネジメントを専門とする人を、プロダクトマネージャーといいます。この本はプロダクトマネージャーを志す方はもちろん、そうでない方にも読んでいただきたいと思っています。プロダクト開発に関わるすべての人がプロダクトマネジメントを理解することが、良いプロダクトを作る近道だからです。

この本がプロダクトマネジメントを実践し、良いプロダクトを生み出すきっかけになれば幸いです。

2020 年 9 月 丹野瑞紀

## 参考図書

- 『リーン・スタートアップ』エリック・リース著（日経 BP）
- 『アントレプレナーの教科書』スティーブン・G・ブランク著（翔泳社）
- 『なぜあの人の解決策はいつもうまくいくのか？―小さな力で大きく動かす！　システム思考の上手な使い方』枝廣 淳子 , 小田 理一郎 著（東洋経済新報社）
- 『Hooked ハマるしかけ 使われつづけるサービスを生み出す [ 心理学 ] × [ デザイン ] の新ルール』ニール・イヤール , ライアン・フーバー 著（翔泳社）
- 『Hacking Growth グロースハック完全読本』ショーン・エリス , モーガン・ブラウン 著（日経 BP）
- 『ウォートンスクール ゲーミフィケーション集中講義』ケビン・ワーバック , ダン・ハンター 著（CCC メディアハウス）

## 丹野 瑞紀（たんの・みずき）

早稲田大学理工学部卒業後、NTT アクセス網研究所にてロボットのソフトウェア制御に関する研究開発に従事。その後バーチャレクス・コンサルティング、サイボウズ、ビズリーチを経て 2018 年にメルペイに入社。10 年以上、インターネットサービスのプロダクトマネジメントに携わる。プロダクトマネージャーカンファレンス実行委員としてプロダクトマネジメントの普及活動を行っている。

**TwitterID**：https://twitter.com/mizuki_tanno
**Facebook**：https://www.facebook.com/mizukitanno
**ブログ**：https://tannomizuki.hatenablog.com/

■本文デザイン、DTP ‥‥‥‥‥‥‥‥ 和全（Studio Wazen）
■カバーイラスト、本文イラスト‥‥‥‥ Guu
■企画‥‥‥‥‥‥‥‥‥‥‥‥‥‥‥ 傳 智之
■編集‥‥‥‥‥‥‥‥‥‥‥‥‥‥‥ 村瀬 光

## ゼロから始めるプロダクトマネジメント

2020 年 9 月 8 日　初版　第 1 刷発行

著　者　　　　丹野瑞紀

発行者　　　　片岡　巌
発行所　　　　株式会社技術評論社
　　　　　　　東京都新宿区市谷左内町 21-13
　　　　　　　電話　03-3513-6150 販売促進部
　　　　　　　　　　03-3513-6166 書籍編集部

印刷・製本　　港北出版印刷株式会社

定価はカバーに表示してあります。
本書の一部または全部を著作権法の定める範囲を超え、無断で複写、転載、テープ化、ファイルに落とすことを禁じます。
©2020　丹野瑞紀
造本には細心の注意を払っておりますが、万一、乱丁（ページの乱れ）や落丁（ページの抜け）がございましたら、小社販売促進部までお送りください。送料小社負担にてお取り替えいたします。
ISBN978-4-297-11488-6 C1034
Printed in Japan

■お問い合わせについて
本書に関するお問い合わせは、以下の宛先までファックスや封書などの書面、または電子メールにてお願いいたします。電話によるご質問には一切お答えできません。あらかじめご承知おきください。
＜ファックスの場合＞
03-3513-6183
＜封書の場合＞
〒 162-0846　東京都新宿区市谷左内町 21-13
株式会社 技術評論社　書籍編集部
『ゼロから始めるプロダクトマネジメント』係
＜電子メールの場合＞
https://gihyo.jp/book/2020/978-4-297-11488-6